小学校学習指導要領対応

「我が国の音楽」の魅力を実感できるワクワク音楽の授業

実践動画
視聴
QR
コード付

津田正之・小川公子 著

G学事出版

はじめに

　「我が国の音楽」の指導の充実は、平成20年告示の学習指導要領改訂の基本方針の一つでした。この方針は、平成29年告示の学習指導要領においても継承されています。グローバル化が進む中で、自分たちの足元にある我が国の音楽を、表現及び鑑賞の活動を通して学び、そのよさを実感できるようにすることが、音楽科教育の重要な実践課題の一つとなっています。

　このような状況にあって、北九州市立日明（ひあかり）小学校は、早くから我が国の音楽を扱った先進的な研究を進めてきました。本書で紹介する授業実践は、同校の教師による、平成24年度・25年度の研究成果をもとにしたものです。どの授業もワクワク感満載の充実した内容です。一般に、我が国の音楽の指導は、音楽の専門的な力量がないと難しいと言われますが、日明小学校の実践研究は、音楽が苦手という教師を含めた学級担任の教師の力によって、大きな成果を上げられました。

　私は、当時、文部科学省の音楽担当の調査官として日明小学校の研究会に何度も寄せていただき、優れた授業実践をよく知る立場にありました。同校の研究成果をぜひ全国の先生方に紹介したいと強く願っておりましたが、今回、当時の研究主任の小川公子先生との共著という形で実現することができました。ご理解とご協力をいただいた関係者の皆様に厚く御礼を申し上げます。

　さて、本書には次のような特徴があります。

---

1. 理論（第Ⅰ部・第Ⅲ部）と実践（第Ⅱ部）をバランスよく学ぶことができる。
2. 文字情報だけではなく、学習指導場面の映像を通して学ぶことができる。
3. 指導が難しいとされる音楽づくりの活動の具体例が示されている。
4. 日明小学校の伝統文化教育にご支援くださった、日本舞踊の家元、春日壽齋（じゅさい）さんのインタビューが掲載されている。
5. 我が国の音楽の授業に役立つ、ワクワク情報（書籍・映像資料）が紹介されている。
6. 新学習指導要領（平成29年告示）の目標や内容等に準拠した理論や授業実践が示されている。

　6については、平成29年告示の新学習指導要領に対応するように、当時の授業実践の記述の仕方を学習評価も含めて調整をいたしました。

　全国には、様々な悩みを抱えながら、目の前の子供たちに真摯に向き合い、我が国の音楽の指導に熱心に取り組んでいる先生方がたくさんおられます。本書が、そのような先生方のお役に立てることを心から願ってやみません。

津田正之

「我が国の音楽」の魅力を実感できる ワクワク音楽の授業

実践動画視聴QRコード付

もくじ

第Ⅰ部

「我が国の音楽」の授業をつくるために

第II部

「我が国の音楽」の魅力を実感できる
ワクワク音楽の授業実践　　　　　　　　　　　　　　19

第III部
「我が国の音楽」の魅力を伝えるために　63

QR コードで
授業実践動画視聴のご案内

本書で紹介している各学年の授業実践は、QR コードを読み取っていただくことにより、YouTube で視聴できます。

こえをたのしもう
第 1 学年

あそびうたをたのしもう
第 2 学年

おん太こで楽しもう
第 3 学年

生活のうたを楽しもう
第 4 学年

演 JOY 狂言
第 5 学年

越天楽今様に親しもう
第 6 学年

歌舞 Kid's
第 6 学年

第I部

「我が国の音楽」の授業を
つくるために

1 我が国の音楽とは？

日本には、生活や社会、伝統や文化の中から生まれてきた様々な音楽があります。「我が国の音楽」とは、それらの中で日本の伝統音楽の特徴が明確な音楽を総称したものです。広義には、文部省唱歌や童謡なども含まれますが、ここでは、伝統的な音楽の特徴が明確なものを指すことにいたします。

まず、我が国の音楽には、どのようなものがあるのでしょうか。「小学校学習指導要領（平成29年告示）解説音楽編」や、小中学校の音楽教科書に掲載されている我が国の音楽について、主な種類や曲をピックアップしてみましょう。

---

1. わらべうたや民謡、日本古謡

　　なべなべそこぬけ、あんたがたどこさ

　　ソーラン節（北海道民謡）、南部牛追い歌（岩手県民謡）、こきりこ節（富山県民謡）

　　子もり歌（日本古謡）、さくらさくら（日本古謡）etc.

2. 和楽器の音楽（箏や和太鼓の音楽など）

　　春の海（箏と尺八）　　京の夜（しの笛）etc.

3. 祭り囃子

　　神田囃子（東京都）、花輪囃子（秋田県）、小倉祇園太鼓（福岡県）etc.

4. 雅楽、今様、歌舞伎、狂言、能、文楽など

　　雅楽「越天楽」、長唄「勧進帳」、能「羽衣」、文楽「義経千本桜」etc.

このような我が国の音楽を学ぶことが、なぜ大切なのでしょうか。

2 我が国の音楽を学ぶ意味

シンプルに「自分たちの音楽だから……」と考えてみましょう。世界には、各地域に様々な人々の集団がいます。世界中の、どの地域の人々の集団も共通にもっている文化があります。その代表が「言葉」と「音楽」です。とすれば、日本に住む私たちが、日本語と日本の音楽を学ぶことは自明のことでしょう。しかし「我が国の（伝統）音楽は分からない」、「退屈」、さらに「もはや異文化になっている」といったことも聞かれます。確かに、歌舞伎や狂言、雅楽などで使われる音楽は、なじみが薄いものかもしれません。でも、それらの音楽は、日本人にとって異文化と言えるものでしょうか。

この点について、興味深いのがアメリカの民族学者、ブルーノ・ネトルの発言です。ネトルは、日本の雅楽について次のように語っています。

初めてこの種の音楽を聴いた時、これまでに聴いたこともない奇妙なサウンドだと思えた。つんざくような高い木管の切れ目ない音、はてしないグリッサンド、サイレントを鳴らしたかのような突然の不協和な和音……　　　　　　　　　　（ブルーノ・ネトル 1989）

いかがでしょう。世界の様々な音楽に明るいと思われる民族学者が、我が国の音楽に対しては強い違和感をもっていることがわかります。少なくとも、日本の子供たちはこのような聴き方はしないはずです。音楽教育学者の加藤富美子氏は、次のように述べています。

　　私たちは、日本人として固有の音楽性を誰もが兼ね備えています。それは日本語を話し、さまざまな面で日本らしさを備えた暮らし方をし、日本らしい文化の中で育つなかで、誰もが気がつかないうちに自然に身につけている日本人らしい音楽性といってよいでしょう。この、もともと私たちが備えている音楽性を大切にし、それを育み伸ばしていくことは、日本の子どもたちの音楽教育の基本です。

（加藤 2002）

　私たちは、この主張に深く共感します。また、伊野義博氏は、加藤氏と同じような視点で、日本語と伝統音楽との関係について、次のように分かりやすく伝えています。

　　一番基本となるのは、「子供たちが日本語を話している」という事実です。日本語の中に、音楽的な特徴が豊かに含まれています。
　　例えば「おかあさん」と言ったときに、「おかあさーん」という抑揚があるでしょう。子供たちは「おかあさん」と言ったり、「お、か、あ、さ、ん」と言ったりしますよね。泣いたときとか、怒ったときには、「嫌だ、おかーさん」などと言いますね。
　　この表現は、伝統音楽に直結することだと思います。子供たちが日常的に話している日本語の世界に注目することです。日本語の抑揚は典型的なものですが、例えば、言葉の響き、それからリズム、そもそもそれを発するところの身体の使い方や息づかいなどです。それらをもとに、様々な伝統音楽が様式化されています。ですから、子供たちが日本語を話しているという事実を出発点にして、音楽教育を考えることが大切だと思います。

（伊野 2014）

　本書には、日本語の抑揚を大切にしながら、子供たちが備えている音楽性を生かし創造性を引き出すように構想された授業実践が紹介されています。本書の授業実践で紹介される子供たちの生き生きとした姿は、加藤氏や伊野氏の主張を裏付けるものになっています。ぜひ、映像資料をご覧になりながら、授業実践をお読みください。

③ 我が国の音楽の学習指導をめぐる成果と課題

　次に、我が国の音楽の学習指導の現状について、「平成24年度学習指導要領実施状況調査（小学校音楽）」の調査結果（平成25年2月実施）と、平成26年10月に開催された「小学校各教科等担当指導主事連絡協議会音楽部会」の報告から紹介します。

（1）「学習指導要領実施状況調査・小学校音楽」の調査結果から

　同調査は、国立教育政策研究所が全国の小学校6年生約6000人を対象とした音声を伴うペーパーテストと、当該児童とその指導者を対象とした質問紙調査によって実施されたものです。

まず、ペーパーテストから該当部分を示してみましょう。

世界各国の祭りの音楽から我が国の祭りの音楽を選択する問題の通過率は87.6％、世界各国の声の音楽から我が国の声の音楽を選択する問題の通過率は89.8％です。この結果から、**世界各国の音楽の中から我が国の音楽を聴き分けること、すなわち、これは我が国の音楽と感覚的に捉えること**は、相当数の児童ができている状況です。

一方、押し手、引き色などの箏の演奏の仕方による旋律の変化を問う問題の通過率は39.0％、序破急に代表される曲全体における速度の変化を聴き取る問題の通過率は46.6％、代表的な和楽器である箏と尺八の音色を聴き取る問題の通過率は33.0％でした。和楽器の音色を聴き取る問題では「尺八と三味線」と誤答した児童が30.2％という結果が目をひきます。**西洋の音楽に比べて、我が国の音楽に親しみ、よさを味わう経験が十分でない**ことも想起されます。これらの結果から、**我が国の音楽に見られる音楽の特徴について、子供が実感を伴って理解できるようにすることが課題である**と言えましょう。

次に、質問紙調査から該当部分を示してみましょう。

「和楽器を演奏すること」について、「調査時点までに指導していない」という回答の割合は30.7％でした。ここから推測すると、**約7割の教師が和楽器を指導していると考えられ、和楽器の指導が全国的に広がっている**状況を見て取ることができます。さらに、和楽器を演奏することについて、「児童が興味・関心をもちやすい」という肯定的な回答の割合は66.7％（もちにくいという回答8.7％、その他・無回答24.6％）であり、**和楽器は子供たちにとって興味・関心をもちやすい楽器である**と考えられます。一方、「音楽科の授業で和楽器の指導を行うために必要な楽器はそろっていますか。」という質問に対して、「そろっている」「どちらかといえばそろっている」という肯定的な回答の割合は29.4％であり、**和楽器を指導する環境に課題が見られる**ことが分かります。

また、共通教材の指導に関する教師の意識調査では、日本古謡の「越天楽今様」については、次のような結果が出ています。

児童が興味・関心をもちやすい28.2％、もちにくい52.5％、その他・無回答 19.3％

児童が身に付けやすい 26.9％、身に付けにくい53.5％、その他・無回答 19.6％

日本古謡「越天楽今様」については、児童の興味・関心のもちやすさ、身に付けやすさの両方において、肯定的な回答の割合よりも否定的な回答の割合が大きく上回っているという状況です。「越天楽今様」の指導については、多くの教師が悩みを抱えていることが分かります。ぜひ、6年生の授業実践「越天楽今様を楽しもう」を参照してほしいと思います。

なお、本調査の詳しい内容は、国立教育政策研究所（2015）を参照ください。

（2）指導主事連絡協議会 音楽部会の報告から

文部科学省では、毎年、小学校各教科等を担当する指導主事による連絡協議会を年に2回程度実施しています。筆者は、平成26年11月号の『初等教育資料』に、「我が国の音楽」の指導の成果と課題についてまとめました。各都道府県市の音楽担当の指導主事等の報告に見られる代表的な意見などをまとめたものです。若干まとめ直して再掲してみましょう。（津田、2014）

【成果】

　　① 我が国や郷土の音楽への興味・関心の高まり

　　② 音楽づくりの指導の充実

　　③ 表現及び鑑賞の各分野の関連や、他教科と音楽との関連を図った指導の充実

【課題】

　　① 和楽器などの学習の質的な充実を図ること

　　② 見通しをもって外部人材を活用したり、系統性のある指導計画を立てたりすること

　　③ 歌唱共通教材の日本古謡の指導の充実を図ること

　　④ 和楽器などの環境整備、教師の研修機会の充実を図ること

　本書で紹介する授業実践には、ここで述べられた成果を一層充実したり、課題の解決に向けたヒントを提供したりする内容が豊かに含まれています。

4 小学校新学習指導要領の特徴

　授業実践を紹介するにあたり、音楽科の小学校新学習指導要領（平成29年告示）の趣旨を踏まえた授業になるよう、オリジナルの実践をもとに表記を調整いたしました。本節では、音楽科の小学校新学習指導要領の特徴を紹介します。

（1）資質・能力の明確化

　音楽科の小学校新学習指導要領の教科の目標は、次のように示されています。

　　表現及び鑑賞の活動を通して、音楽的な見方・考え方を働かせ、生活や社会の中の音や音楽と豊かに関わる資質・能力を次のとおり育成することを目指す。

　（1）曲想と音楽の構造などとの関わりについて理解するとともに、表したい音楽表現をするために必要な技能を身に付けるようにする。　　　　　　　　【知識及び技能】

　（2）音楽表現を工夫することや、音楽を味わって聴くことができるようにする。

　　　　　　　　　　　　　　　　　　　　　　　　　　　　【思考力、判断力、表現力等】

　（3）音楽活動の楽しさを体験することを通して、音楽を愛好する心情と音楽に対する感性を育むとともに、音楽に親しむ態度を養い、豊かな情操を培う。

※【　】引用者。対応する資質・能力　　　　　　　　　　　【学びに向かう力、人間性等】

　冒頭の一文には、次のことが明記されています。

　どのような資質・能力を － 「生活や社会の中の音や音楽と関わる資質・能力」

　どのように育成するか － 「表現及び鑑賞の幅広い活動を通して」

　　　　　　　　　　　　　「音楽的な見方・考え方を働かせ」た学習活動によって

　その上で、「生活や社会の中の音や音楽と豊かに関わる資質・能力」として、（1）、（2）、（3）の目標が資質・能力別に示されています。さらに、学年の目標も、教科の目標と同じ構造になっており、児童の発達に応じて具体的に示されています。

新学習指導要領で新たに登場したのが「**音楽的な見方・考え方**」です。音楽的な見方・考え方とは、音楽科の特質に応じた、物事を捉える視点や考え方です。音楽的な見方・考え方を働かせた学習活動によって、資質・能力は育成されるのです。音楽的な見方・考え方とは、「小学校学習指導要領解説音楽編」では、次のように説明されています。

> 音楽に対する感性を働かせ、音や音楽を、音楽を形づくっている要素とその働きの視点で捉え、自己のイメージや感情、生活や文化などと関連付けること。

　では、音楽的な見方・考え方を働かせるとは、どういうことでしょうか。我が国の音楽を扱う学習場面で考えてみましょう。郷土の民謡の一つである「ソーラン節」（北海道民謡）の歌唱の学習場面における子供の発言例です。

> ・この曲は、とっても力強い感じがする。それは、「ヤーレン、ソーラン、ソーラン」のリズム、「ハイハイ」や「どっこいしょ、どっこいしょ」の合いの手があるからだね。
> ・この音楽の特徴は、ニシン漁で網を引く場面から生まれていると思う。（真似をしながら）皆で力を合わせて漁をしている様子が浮かぶね。
> ・そのことが伝わるように、力強い声で、掛け声と合いの手のリズムをはっきりと表現してみよう。

　このような姿は、音楽的な見方・考え方を働かせて、知識を習得したり、思考力、判断力、表現力等を身に付けたりする過程における子供の姿の一例といえます。

※

　一方、「Ａ表現」（歌唱、器楽、音楽づくり）、「Ｂ鑑賞」及び〔共通事項〕の内容は、育成を目指す資質・能力別に、次のように示されています。

> 「Ａ表現」（歌唱、器楽、音楽づくりに関する内容）
> 　　　ア「思考力、判断力、表現力等」　イ「知識」　ウ「技能」
> 「Ｂ鑑賞」（鑑賞に関する内容）
> 　　　ア「思考力、判断力、表現力等」　イ「知識」
> 〔共通事項〕（〔共通事項〕に関する内容）
> 　　　ア「思考力、判断力、表現力等」　イ「知識」

　資質・能力で再整理された、ア「思考力、判断力、判断力等」、イ「知識」、ウ「技能」の事項の内容を見てみましょう。

①「思考力、判断力、表現力等」に関する事項

　「Ａ表現」領域の事項アでは、どのように歌うか、どのように演奏するか、どのように音楽をつくるかについて思いや意図をもつこと、「Ｂ鑑賞」領域の事項アでは、曲や演奏のよさな

どを見いだし、**曲全体を味わって聴くことに関する具体的な内容**が、歌唱、器楽、音楽づくり、鑑賞の各活動の特質や、学年の発達段階、学習の系統性を踏まえて示されています。

〔共通事項〕の事項アでは、「**音楽を形づくっている要素を聴き取り、それらの働きが生み出すよさや面白さ、美しさを感じ取りながら、聴き取ったことと感じ取ったこととの関わりについて考えること**」と示されています。聴き取ったことと感じ取ったことのそれぞれを自覚し、確認しながら結びつけていくという思考を働かせることによって、聴き取りと感じ取りが深まっていきます。〔共通事項〕の事項アは、歌唱、器楽、音楽づくり、鑑賞の事項と併せて指導するものであり、題材成立の必須要件です。

② 「知識」に関する事項

音楽科における「知識」とは、曲名や作曲者、曲の背景、記号や用語の名称など、単に事柄を知ることだけではありません。**児童一人一人が、学習の過程において、音楽に対する感性を働かせて感じ取り理解するものである**、ということを踏まえておきましょう。

「Ａ表現」及び「Ｂ鑑賞」の事項イでは、「**曲想と音楽の構造との関わり**」などを理解することに関する具体的な内容が、各領域や各分野の特質、学年の発達段階や学習の系統性を踏まえて示されています。曲想と音楽の構造の関わり合いについて理解するとは、「ゆっくりでおだかやな感じから、動きのあるにぎやかな感じに変わったのは、尺八が旋律で箏が伴奏している音楽が、途中で箏と尺八とが呼びかけてこたえているような音楽になったから」といったことを、表現や鑑賞の活動を通して、自ら捉え、理解することです。一方、**音楽づくり**では、「**音やフレーズのつなげ方や重ね方の特徴**」について、「**それらが生み出すよさや面白さなどと関わらせて理解すること**」などについて示されています。いずれも、**曲の表情や雰囲気など感じ取って分かる知識、音楽的な特徴など聴き取ったり楽譜を見たり図形化したりすることによって分かる知識**があります。学習の過程において複数の知識を相互に関連付けて捉えることによって、理解を伴う生きて働く知識となります。

③ 「技能」に関する事項

「Ａ表現」の「技能」に関する指導内容については、思いや意図に合った表現などをするために必要となる具体的な内容を、歌唱、器楽、音楽づくりの特質、学年の発達段階や学習の系統性を踏まえて、事項イに示しています。

音楽科における「技能」とは、**歌を歌う、楽器を演奏する、音楽をつくるといった音楽表現の技能**です。音楽づくりの技能では、（ア）設定した条件に基づいて、即興的に表現する技能、（イ）音楽の仕組みを用いて、音楽をつくる技能、を身に付けること、が示されています。これらは、発想を生かした表現や、思いや意図に合った表現をするために必要なものとして位置付けられていることに留意する必要があります。すなわち「**こういう音楽をこのようにつくりたい**」という思いや意図（思考力、判断力、表現力等）と関わらせて育成すべき事項であることを踏まえておきましょう。

※

このように示すことによって、各領域・分野において指導すべき内容が一層明確になっています。なお、ア（思考力、判断力、表現力等）の冒頭には、「〇〇についての知識（や技能）

を得たり生かしたりしながら」と示されています（○○には、歌唱、器楽、音楽づくり、鑑賞が入ります）。各題材の構成においては、ア（思考力、判断力、表現力等）、イ（知識）、ウ（技能）の事項を相互に関わらせながら扱い、一体的に育てていくことが求められているのです。さらに、鑑賞と音楽づくりの関連を図るなど、適宜、領域・分野の関連を図ることも大切です。

（2）題材の目標と学習評価

　このような整理を踏まえて、本書における各題材の目標は、取り扱う活動（歌唱、器楽、音楽づくり、鑑賞）の内容をもとに次のように設定しています。

> （1）各活動の「知識及び技能」の内容に関する目標
> （2）〔共通事項〕アと、各活動の「思考力、判断力、表現力等」の内容に関する目標
> （3）学年の目標、評価の観点「主体的に学習に取り組む態度」等を踏まえた、「学びに向かう力、人間性等」に関する目標

　一方、新学習指導要領に準拠した学習評価は、これまで以上に目標や内容との親和性を高めたものになっています。小学校音楽科の「評価の観点及びその趣旨」は次の通りです。

知識・技能	思考・判断・表現	主体的に学習に取り組む態度
・曲想と音楽の構造などとの関わりについて理解している。知 ・表したい音楽表現をするために必要な技能を身に付け、歌ったり、演奏したり、音楽をつくったりしている。技 ※知 技、下線部筆者	音楽を形づくっている要素を聴き取り、それらの働きが生み出すよさや面白さ、美しさを感じ取りながら、聴き取ったことと感じ取ったこととの関わりについて考え、どのように表すかについて思いや意図をもったり、曲や演奏のよさなどを見いだし、音楽を味わって聴いたりしている。	音や音楽に親しむことができるよう、音楽活動を楽しみながら主体的・協働的に表現及び鑑賞の学習活動に取り組もうとしている。

　この趣旨に基づき、**題材の目標と整合するように、3つの観点ごとに評価規準を設定**します。題材の目標と題材の評価規準とは、極めて近い関係になりますが、その違いは、下線部にあるように、「理解している」「歌ったり、演奏したり、音楽をつくったりしている」などのように、**学習状況を見取ること**を明確にしていることです。評価規準の立て方や評価の計画については、国立教育政策研究所（2020）による学習評価の参考資料を参照しながら、各授業実践に示されている題材の評価規準や題材の指導計画をご覧ください。

（3）「主体的・対話的で深い学び」の実現を目指した授業改善

　今回の改訂では、資質・能力の育成に向けて、「主体的な学び」「対話的な学び」「深い学び」の実現を目指した授業改善を進めることが示されています。特別なことではありません。これまで積み重ねられてきた、**すぐれた実践に見られる普遍的な視点をまとめたもの**です。この視点による授業改善を実効のあるものとして展開するために、大切にすべきことや、そのために必要なことを示してみます。

①主体的な学び

主体的に学習に取り組めるよう、**学習の見通しをもつ**ようにすること〔学習のねらい、活動のポイントの共有〕。学んだことを**振り返り**自分の**学びや変容を自覚**できるようにすること〔発表場面でのよさの認め合い、発表等に関する教師の価値付け〕。

②対話的な学び

対話によって**自分の考えなどを広げたり深めたり**できるようにすること。〔対話のポイント（何をどのように対話するのか）の明確化〕〔教師と子供、子供同士、地域の方、音楽のつくり手や演奏者など多様な他者との対話〕〔とくに伝統文化の担い手である地域の専門家との対話〕。

③深い学び

学習過程において**「音楽的な見方・考え方」を働かせる**ことができるようにすること〔我が国の音楽において、対象となる我が国の音楽を形づくっている要素とその働きの視点で音楽を捉えること。音楽の特徴と人々の生活や文化などとを関連付けて考えること〕。

本書で紹介する授業実践は、このような視点による授業改善について、具体的な指導場面の映像から読み取っていただけるように構成されています。

5 我が国の音楽の学習の充実に向けて

（1）我が国の音楽の特性に合った指導方法の工夫

新学習指導要領では、我が国や郷土の音楽の学習が一層充実するように改善が図られています。具体的には、次の配慮事項が新設されました。

> 我が国や郷土の音楽の指導に当たっては、そのよさなどを感じ取って表現したり鑑賞したりできるよう、音源や楽譜等の示し方、伴奏の仕方、曲に合った歌い方や楽器の演奏の仕方などの指導方法を工夫すること。
> ※「第3 指導計画の作成と内容の取扱い」2（3）

このことから、我が国や郷土の音楽の学習にふさわしい指導方法を工夫することが求められているといえましょう。指導に当たっては、主に口承されてきたなどの特性を踏まえることが重要です。ここではポイントとなることを列挙してみます。

音源：音楽の特徴や、音楽が歌われたり演奏されたりしている様子が伝わるものを用いること。

楽譜の示し方：扱われている音楽の楽譜（縦方向で書かれている楽譜）、歌詞譜（音の高さや長さ、言葉の抑揚などを文字や線で表したもの）を用いること。

歌詞譜　宮城県民謡《斎太郎節》
山内雅子氏（上野学園大学）作成

伴奏の仕方：児童が話す声で歌えるよう、無理のない音域や速度を考慮すること。必要に応じて、和楽器による伴奏の音源を用いること。

曲に合った歌い方：話し声を生かして歌えるようにすること。

楽器の演奏の仕方：口唱歌（くちしょうが）を活用すること。口唱歌とは、「ドンドコ、ドン」、「テンツク、テン」「テントン、シャン」「チャンチャン、チキチン」など、和楽器のリズムや旋律の音を、日本語の響きに置き換えて表現するものです。和楽器の演奏の伝承で用いられてきた方法です。

　このように、**我が国の音楽の特性に合った指導方法を工夫すること**が重要になります。

（２）地域の指導者や演奏家との連携

　新学習指導要領は「社会に開かれた教育課程」を基本理念としています。"よりよい学校教育を通じてよりよい社会を創る"という目標を学校と社会が共有し、連携・協働しながら、新しい時代に求められる資質・能力を子供たちに育んでいくことです。

　このことは、我が国の音楽の指導を充実するためにも重要なことです。**地域等の指導者や演奏家等のすぐれた人材に、ゲストティーチャーとして授業に参加していただいたり、地域の公共施設を活用したりする**など、地域社会との連携・協働が大切になります。

　日明小学校には、学校教育に理解のある地域の方が、ゲストティーチャーとして積極的に授業に関わってくださっています。本書で紹介する授業実践では、１年生の題材「うりごえをたのしもう」において「金魚の振れ売り師」（金魚専門の行商人）の浦島さんが、４年生の題材「生活のうたを楽しもう」において「民謡の先生」の片渕さんが、それぞれの専門を生かし、範唱を示してくださったり、表現のポイントを話してくださったり、子供の表現に対して温かいコメントをくださったりしました。

　ゲストティーチャーに指導をゆだね過ぎることなく、題材の学習過程において、必要とされる場面で適切な活用を図っていることが、日明小学校の授業実践のポイントの一つです。

【引用・参考文献】

・伊野義博、山内雅子、剣持康典、津田正之（2014）「座談会『我が国の音楽』の指導の充実に向けて」『初等教育資料』No.937、60-65頁.

・加藤富美子（2002）「邦楽を教える意味とその指導上の留意点」（山口修・田中健次企画・監修『邦楽箏始め－今日からの授業のために－』カワイ出版）、8 - 13頁.

・国立教育政策研究所（2015）「平成24年度学習指導要領実施状況調査 教科別分析と改善点（小学校音楽）」 https://www.nier.go.jp/kaihatsu/shido_h24/index.htm

・国立教育政策研究所 教育課程研究センター（2020）『「指導と評価の一体化」のための学習評価に関する参考資料 小学校音楽』 https://www.nier.go.jp/kaihatsu/pdf/hyouka/r020326_pri_ongak.pdf

・津田正之（2014）「『我が国の音楽』の指導の成果と課題」『初等教育資料』No.937、48-51頁.

・ブルーノ・ネトル、細川周平訳（1989）『世界音楽の時代』勁草書房、242-248頁.

・文部科学省（2018）『小学校学習指導要領（平成29年告示）解説音楽編』東洋館出版社.

第Ⅱ部

「我が国の音楽」の
魅力を実感できる
ワクワク音楽の授業実践

うりごえをたのしもう

① 題材の目標

○売るものの特徴を表した声やふしの特徴について、それらが生み出す面白さと関わらせて気付くとともに、思いに合った表現をするために必要な、「うりごえめいじんのわざ」を用いて簡単な売り声をつくる技能を身に付ける。

○旋律、リズム、拍、反復を聴き取り、それらの働きが生み出す売り声の音楽のよさや面白さ、美しさを感じ取りながら、聴き取ったことと感じ取ったこととの関わりについて考え、どのように売り声をつくるかについて思いをもつ。

○売り声の音楽に興味をもち、音楽活動を楽しみながら主体的・協働的に音楽づくりの学習活動に取り組み、人々の生活に根付いた伝統的な日本のうたに親しむ。

② 売り声の教材性

　納豆売り、金魚売り、夜鳴きそば、鋳掛け屋など、江戸から昭和の時代まで、もの売りが声を響かせて町を回っていました。人々の生活に根付いていた売り声は、日本語の自然な抑揚やリズムから生まれたものであり、個人の息に合った売り声の自由な伸縮、拍節のない自由なリズム、わらべうたの音階など我が国の伝統音楽の要素が多く含まれています。また、売り声は、人々の生活と密接に結びついているため、1年生の児童にも親しみやすく、伝統的な日本のうたに親しむための教材としても適しています。さらに、もの売りは、お客に売るもののよさを伝えるために、自らの売り声を様々に変化させ、よく通る声を出しています。このことから売り声は、子供が自分の声を生かして売り声づくりを楽しみ、自然な歌い方でのびのびと声を出す心地よさを味わうことができる教材です。

〈本実践で活用した具体的な教材〉

○音源　　　・ゲストティーチャー（金魚の振れ売り師…浦島さん）

　　　　　　・CD「日本の大道芸　もの売り」（①金魚　④竿だけ　⑮焼き芋）

○掲示物　　・江戸の売り声の様子を表した絵

　　　　　　「江戸売り声ー絵で見る商いの原風景」2012、宮田章司、素朴社

③ 本題材で扱う学習指導要領の内容

A　表現（3）音楽づくり　ア（イ）、イ（イ）、ウ（イ）〔共通事項〕（1）ア

　〈本題材において、思考・判断のよりどころとなる主な「音楽を形づくっている要素」〉

　「旋律（音の上がり下がり）」「リズム」、「拍（伸び縮み）」、「反復」

4 題材の評価規準

知識・技能	思考・判断・表現	主体的に学習に取り組む態度
①知 売るものの特徴を表した声やふしの特徴について、それらが生み出す面白さと関わらせて気付いている。 ②技 思いに合った表現をするために必要な「うりごえめいじんのわざ」を用いて、簡単な売り声をつくる技能を身に付けて、売り声をつくっている。	思① 旋律、リズム、拍、反復を聴き取り、それらの働きが生み出す売り声の音楽のよさや面白さ、美しさを感じ取りながら、聴き取ったことと感じ取ったこととの関わりについて考え、どのように売り声をつくるかについて思いをもっている。	態① 売り声の音楽に興味をもち、音楽活動を楽しみながら主体的・協働的に音楽づくりの学習活動に取り組もうとしている。

5 題材の指導計画（総時数 4時間）

時	主な学習内容・活動	指導・支援上の留意点、評価	評価の観点 知・技	思	態
1	◎売り声の特徴に気付き、学習の見通しをもつ。 ○ゲストティーチャーやCDの売り声を聴いて、「うりごえめいじんのわざ」を見つける。 　　＜うりごえめいじんのわざ＞ 　　①リズム、拍の伸び縮み、 　　②旋律の音の上がり下がり 　　③反復表現など	・ゲストティーチャーの売り声を聴いたり、体験したりして、ふしの面白さを感じ取り、学習の見通しをもつようにする。 ・売り声をまねて歌ったり、リズムや音の高低を体の動きで表現したりしながら「売り声の特徴」に気付くようにする。	①知 発言・記述		
	◎「もの売りごっこ」の準備をする。 ○売りたいものを考え、売るものの特徴やよさを考えてカードやチラシをつくる。 　　　　　　　　　【国語科】（5時間）	※ 音楽の時間と並行して進める。			
2	◎自分たちの売るものがよく売れるように工夫してうりごえをつくる。 ○クラスみんなで、売り声をつくる。	・「金魚」や「みつ豆」等の売り声をもとに、即興で売り声をつくって遊ぶ。 ・「うりごえめいじんわざ」を生かしてふしをつくることを共通理解できるよう、クラスみんなでアイデアを出し合いながらつくるようにする。		■	

3 (本時)	○自分の売りたいものの売り声をつくる。 （本時3／4） 音楽づくりのポイント <うりごえめいじんのわざ> ・のばーしわざ ・みじかわざ ・上がり下がりのわざ ・くりかえしわざ	・一人一人の考えを生かすことができるようにペアで売り声をつくる。 ・楽しい雰囲気で「もの売りごっこ」ができるように、売るものの絵を掲示したり、売るときの道具等を用意したりして、活動の場を工夫する。 ・売るものの特徴やよさが伝わるように「うりごえめいじんのわざ」を使ってつくることをポイントとして意識付ける。	②技行動観察	①行動観察・発言
4	◎「もの売りごっこ」の発表会をする。 ○自分たちで工夫した声で、「もの売りごっこ」を楽しみ、学習の振り返りをする。	・たくさんのお客さんに買ってもらえるように声の出し方を工夫して、売り声を歌うことを意識付ける。 ・「もの売りごっこ」の感想を出し合い、うり声のよさや、友達の表現のよさを確かめることができるようにする。		①行動観察・発言・記述

⑥ ことばのふしをつくる場面【第3時 学習の様子】

（本時のねらい）「うりごえめいじんのわざ」を用いて、売るものに合ったリズムや音の高低などを工夫し、友達と協力して売り声をつくる。

授業の流れ	教師の意図と評価
1．既習の売り声を歌い、浦島さん（ゲストティーチャー）からのメッセージを視聴する。 2．本時のめあてを確かめる。 ――― めあて ――― うるもののよいところが、おきゃくさんによくわかるようにくふうして、うりごえをつくろう。	○浦島さんからの励ましのことばを聞き、ふしづくりの意欲付けをする。
3．自分たちの売り声をつくる。 （1）活動の見通しをもつ。 <活動の流れ> ①売るものの名前を入れ、動きながらつくる ②「うりごえめいじんのわざ」を使う ③売るもののよさを表す言葉を入れる ④何度も歌って試す <うりごえめいじんのわざ> カード ・のばーしわざ 　　　　・みじかわざ 　　　　・上がり下がりのわざ カード ・くりかえしわざ 使ったわざには、「使ったよカード」を貼ろう！	○活動の流れを確かめ、活動の見通しをもつようにする。 ○「うりごえめいじんのわざ」について、それぞれの効果について例をあげて確認する。 <みじかわざの説明> （ビーンズシチューの中の豆がコロコロ転がる感じ） <上がり下がりのわざの説明> （豆が上に行ったり下に行ったりして動いている感じ） ○わざをうまく活用できたら「使ったよカード」を貼り、視覚的に意識できるようにする。

（2）グループで、売り声をつくる。

・魚売りグループ（くりかえしわざ・みじかわざ）

> かーに、かーに　かにかにかにかに♪

・ふくうりグループ（くりかえしわざ）

> ブーーツやーー、ブーツブーツ♪ほかほか

・おもちゃうりグループ（のばーしわざ）

> まほーーーーのつえ、まほーーのつえは
> かっこいいよ♪

・たべものうりグループ（のばーしわざ）

> あまーーーいフルーツ、おいしいよ♪

（3）中間発表をする。

・いきものうりグループ

> とーかげー、とーかげー、とかげっ
> とーーかーーげ♪

（のばーしわざ＋みじかわざ＋上がり下がりのわざ）

> こういうふうに「わざ」を組み合わせて
> 使うと、面白くなるね。

> 私たちも、もう少し「わざ」を取り入れ
> てお客さんに買ってもらえるような音楽
> にしよう。

（4）発表をする。

4．本時のまとめをする。

○どのように売り声をつくるかでつまずきの見られるグループには「うりごえめいじんのわざ」を工夫して取り入れるよう支援する。

【思】旋律、リズム、拍、反復を聴き取り、それらの働きが生み出す売り声の音楽のよさや面白さ、美しさを感じ取りながら、聴き取ったことと感じ取ったこととの関わりについて考え、どのように売り声をつくるかについて思いをもっている。
（観察・発言）

【技】思いに合った表現をするために必要な「うりごえめいじんのわざ」を用いて、簡単な売り声をつくる技能を身に付けて、売り声をつくっている。
（観察・発言）

○「うりごえめいじんのわざ」を複数用いてつくっている作品を紹介し、他のグループの音楽づくりに工夫を加える視点を提示する。

○「うりごえめいじんのわざ」に着目して聴き、友達の作品のよいところを見つけることができるように声かけをする。
○友達と協働して工夫しながら音楽づくりに取り組んだことを価値付け、次時では学年で作品を発表し合うことへの意欲付けをする。

7 実践を振り返って

○売り声の教材化

　今となっては町の中で聞くことがなくなった売り声ですが、古き良き日本の日常で聞かれ、情緒豊かな響きを醸し出していました。例えば、「金魚売り」は民謡の音階や発声、また「唐辛子売り」は歌舞伎の台詞回しにつながっているというように、我が国の伝統音楽の特徴を含んだものが多く存在しています。

　それぞれのふしについて分析すると、全体的に自由な拍の伸縮が多用されており、4分音符、8分音符等の制約がなく拍節のないものが多くみられます。歌い始めの音や旋律が明確に決まっているものではなく、表現者の思いやその時の状態により、自由に表現できるので、発想

の幅を広げることができる音楽のジャンルでもあると考えられます。そういった意味においても、低学年の発達段階の児童に、思いをもって音楽で表現するには適した教材です。実際に本実践では、音楽が得意な児童だけでなく、音楽の学習を苦手としていた児童の活躍が目立ちました。自分の思いを躊躇することなく、思い切って表現することができたからでしょう。

〈金魚売り師の浦島さん〉

　また、この実践を通して日常の生活の中でも、児童に大きな変容が見られました。これまで人前に出ることを苦手とし、声が小さかった数名の児童が、健康観察で大きな声で返事をするようになったり、人前に立つともじもじしていた児童が「ものうりごっこ」で、友達の前でも籠をかついで大きな声で売り声を歌い続けるようになったりする姿が見られました。

〈浦島さんに声の出し方を教えてもらう〉

　鑑賞教材には、江戸時代の売り声を再現した音源の中から、音の高低、リズムがはっきりしていて1年生の児童にも分かりやすく、売り声づくりに役立ちそうなものを取り上げました。売り声の表現は面白く分かりやすいため、児童はすぐにそのよさを感じ取り、まねて歌ったり、自分の売り声づくりに生かしたりすることができました。また、金魚売り師の浦島さんをゲストティーチャーとして招き、本物の売り声を聴き、一緒に売り声体験をしたことで、より売り声のよさが児童に伝わったようです。多くの児童が、「浦島さんの声は、とてもきれいで大きくてすごいと思いました。」と感動し、金魚売り師へのあこがれをもちました。「浦島さんのような声でもの売りを体験してみたい」という願いをもち、学習へのめあてをもつことができまし

〈もの売りごっこの様子〉

た。このため、自分の売り声をつくる場面では、うまく表現できない児童に「浦島さんは、こうしていたよ。」と声をかけると、すぐにイメージをつかんで、生き生きと表現するようになりました。

○**音楽を形づくっている要素と「うりごえめいじんのわざ」との関連付け**

　売り声を特徴付けている音の高低、拍やリズムに、「うりごえめいじんのわざ」という親しみやすい名前をつけました。具体的には、「きーんぎょえー」と音をのばす「のばーしわざ」、「きんぎょ」と短く歌う「みじかわざ」、「あ、こいの子にめだかの子」と音を上下させる「上がり下がりのわざ」、「きんぎょ」のフレーズを何度も歌う「くりかえし」、この4つのわざがあります。この手立てにより、音の高低やリズムの変化の面白さに興味を示すようになるとともに、注意深く聴くようになりました。さらに、音源やゲストティーチャーの表現をまねて歌

う時も「わざ」を意識して豊かに表現できるようになりました。

　売り声をつくる場面では、「うりごえめいじんのわざ」の表を作り、使ったわざには「つかったよカード」を貼るようにしました。そうすると、表の一つ一つのわざを指差しながら歌って試してみる姿が多く見られるようになりました。視覚的に技能や思考を確認することができ、売り声を工夫してつくるためにとても有効な手段となりました。

○図形譜の活用

　売り声を聴いた後に図形譜を提示しました。すると、聴き取りにくかった言葉や音の高低、母音の伸ばし方がよく理解できたようで、自信をもって、まねて歌うようになりました。また、「うりごえめいじんのわざ」がどこで使われているか図形譜に書き込んでいったことにより、一つの売り声にもたくさんのわざが使われていることを確認できました。わざによって表される感じが変わることも実感できました。このように視覚的な支援により、音楽の要素とそれらが生み出すよさや面白さとの関わりについて考え、売り声の特徴を捉えやすくなりました。

〈うりごえめいじんのわざに「使ったよカード」をつくる〉

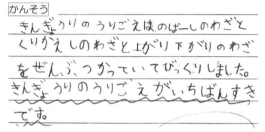

〈売り声にわざを見つけた児童の気付き〉

〈金魚売りの図形譜〉

あそびうたをたのしもう
〜ミソラをつかって〜

1 題材の目標

○我が国の遊びうたの旋律やリズムの特徴について、それらが生み出すよさや面白さなどと関わらせて気付くとともに、思いに合った表現をするために必要な、呼びかけとこたえや反復を用いて、音楽をつくる技能を身に付ける。

○旋律、呼びかけとこたえ、反復を聴き取り、それらの働きが生み出す遊びうたのよさや面白さを感じ取りながら、聴き取ったことと感じ取ったこととの関わりについて考え、歌いながら遊ぶことを通して旋律を工夫し、どのように気持ちに合った音楽にしていくかについて思いをもつ。

○我が国の遊びうたを歌ったりつくったりすることに興味をもち、音楽活動を楽しみながら主体的・協働的に音楽づくりの学習活動に取り組み、我が国の遊びうたに親しむ。

2 我が国の遊びうたの教材性

　我が国で伝統的に歌い継がれている遊びうたは、5つの音（ミソラシレ）による音階で構成されています。遊びうたの音域はこの時期の発達段階の児童にとって声を出しやすく、各自に合った音高によって歌うことができるため、自然な声でのびのびと歌い、気持ちを開放して楽しむことができます。音楽づくりにおいてもこの音階があれば容易に旋律をつくることができます。本題材では、ふしづくりの初期の段階として、3つの音（ミソラ）を用いて音楽づくりに取り組みました。

　また、手遊び、まりつき、縄跳び、絵かきなどは、児童が様々な活動を伴いながら楽しんで歌い、興味をもって学習活動に取り組むことが期待されます。遊びを通して、拍子感や体の動きを伴って音や音楽を表現する力を身に付けることもできます。遊び方についても、一人から数人で遊ぶものまで様々ですので、互いに呼びかけあうフレーズや反復などを適宜用いることで、多様な音楽表現へとつなげていくことが可能となります。何よりも、児童が楽しみながら活動し、音楽を形づくっている要素の働きが生み出すよさや楽しさを感じ取ることができる教材です。

〈本実践で活用した具体的な教材〉

○CD 　　　　・「わらべあそびうた」2012、日本コロムビア
　　　　　　　　⑫「ちゃつぼ」㉑「おちゃらかほい」⑯「なべなべそこぬけ」「かくれんぼ」
　　　　　　・「小学校音楽科教科書教材集〜低学年用平成17〜20年用」Disc3
　　　　　　　　⑱「いろはにこんぺいとう」

○掲示物 　　・上記の遊びうたの歌詞、拡大楽譜、情景画

3 本題材で扱う学習指導要領の内容

A　表現（3）　音楽づくり　ア（イ）、イ（イ）、ウ（イ）　〔共通事項〕（1）ア

〈本題材における思考・判断のよりどころとなる主な「音楽を形づくっている要素」〉

「旋律」（ミソラの音の上がり下がり）、「呼びかけとこたえ」、「反復」

4 題材の評価規準

知識・技能	思考・判断・表現	主体的に学習に取り組む態度
①知　我が国の遊びうたの旋律やリズムの特徴について、それらが生み出すよさや面白さなどと関わらせて気付いている。 ②技　思いに合った表現をするために必要な、呼びかけとこたえや反復を用いて、音楽をつくる技能を身に付けてつくっている。	思①　旋律、呼びかけとこたえ、反復を聴き取り、それらの働きが生み出すわらべうたや遊びうたのよさや面白さを感じ取りながら、聴き取ったことと感じ取ったこととの関わりについて考え、歌いながら遊ぶことを通して旋律を工夫し、どのように気持ちに合った音楽にしていくかについて思いをもっている。	態①　我が国の遊びうたを歌ったりつくったりすることに興味をもち、音楽活動を楽しみながら主体的・協働的に音楽づくりの学習活動に取り組んでいる。

5 題材の指導計画（総時数　5時間）

次	時	主な学習内容・活動	指導・支援上の留意点	評価の観点 知・技	評価の観点 思	評価の観点 態
1	1	◎　我が国の遊びうたを聴いたり歌ったりして、その楽しさを感じ取る。 ○　「ちゃちゃつぼ」（一人）「なべなべそこぬけ」「おちゃらかほい」（二人）「いろはに金平糖」（グループ）等で遊び、旋律の特徴や楽しさを感じ取る。 ※朝の会等の特別活動において日常的にこれらの活動を取り入れ、学校生活を豊かにし、仲間づくりにも活用する。	・自分たちの遊びの経験やＤＶＤの映像から遊びうたの楽しさを感じ取り、拍にのって楽しく遊びながら歌うようにする。 ・一人遊び→二人遊び→グループ遊びというように遊びの人数が増えていくように選曲し、活動の幅を広げていくようにする。			
	2	◎「かくれんぼ」で楽しく遊び、続きの音楽をつくる。 ○「かくれんぼ」の様子を思い浮かべながら歌う。	・旋律が「呼びかけとこたえ」で構成されていることに気付くことができるよう、鬼とかくれる者とに役割を決めて歌う活動を取り入れる。 ・ミソラの音で構成されていることに気付くよう	①知（観察・発言・		

			にするために、楽譜を提示する。	記述）		
2	3	○「かくれんぼ」を遊びの中に取り入れて歌う。	・鬼とかくれる者とのグループ（４人×８グループ）をローテーションして歌うことができるようにする。 ・児童の感想を広げるために動物のグループ名にし、森の動物公園で動物達がかくれんぼ遊びをしているという場を設定し、その動物らしい表現を工夫することができるようにする。			
	4（本時）	○「かくれんぼ」で見つかった時の様子を表す旋律をつくる。（本時４／５）	・遊んでいるうちに、「かくれんぼ」の続きの部分も歌いながら出てきたという設定から、児童の発想を生かし、見つかったときの旋律をつくるようにする。 ・「もういいかい」「まだだよ」（呼びかけとこたえ）の旋律が３つの音で構成されており、音の高低で場の様子が表現できることに気付くようにする。	②技観察・発言・記述	①観察・発言・記述	↓
	5	○「日本の遊びうたであそぼう会」を開催する。	・これまでに学習してきた「わらべうた」や「あそびうた」のコーナーを設け、友達と一緒に遊びうたを楽しむことができるようにする。			①観察・発言・記述

6 かくれんぼでみつかった時の気持ちの旋律をつくる場面【第４時 学習の様子】

（本時のねらい）ミソラ音符カードを活用し、歌詞に合う音を選んで歌い試す活動を通して、旋律の動き、呼びかけとこたえ、繰り返しを用いて、かくれんぼで見つかった気持ちをどのように表すかを考え、旋律を工夫してつくる。

授業の流れ	教師の意図と評価
１　前時を想起し、各グループが登場のうたを歌いながら集まってくる。 ２　本時のめあてを確かめる。	○それぞれのグループの動物のイメージに合うテーマソングを歌いながら入場し、楽しく学習を始めることができる場を設定する。
めあて：かくれんぼ遊びでみつかった時の、自分たちの気持ちに合ったふしをつくろう。	
３．自分たちの気持ちに合ったふしをつくる。 （１）活動の見通しをもつ。 ＜手じゅん＞ ①ふしをつくる ②歌う ③ふりつけをする ＜ふしづくりのポイント＞ ・もしもしなーに ・くりかえし ・ミソラの音を使う ・ふりつけをする	○グループ活動の手順やふしづくりのポイントを示し、活動の見通しをもたせるようにする。

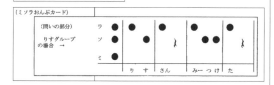

○「ミソラ音符カード」では、マグネットで音符をつくっておき、音を動かしながら旋律をつくることができるようにする。

（2）グループに分かれてふしづくりをする。
＜リスグループ＞

> かくれんぼ遊びで見つかって、くやしいけど、くじけないでがんばるぞという気持ちを表したいな。

> くやしい時って下を向くから音も下がる感じかな。

> その後、「でもがんばる」っていう時には上を向くから音も上げていこう。

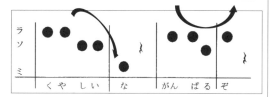

○前のフレーズとのつながりを考えて、「♪みーつけた」から続けて、歌い試しながらつくるようにアドバイスする。

【思】旋律、呼びかけとこたえ、反復を聴き取り、それらの働きが生み出すわらべうたや遊びうたのよさや面白さを感じ取りながら、聴き取ったことと感じ取ったこととの関わりについて考え、歌いながら遊ぶことを通して旋律を工夫し、どのように気持ちに合った音楽にしていくかについて思いをもっている。

（3）中間発表をする。

> 手の動きと同じように、残念な時は音が下がって、がんばる時には音が上がっているね。

○工夫のポイントをうまく活用しているグループの作品を紹介し、工夫点の気付きを促すようにする。

（4）ふしづくりの工夫をする。

> 気持ちが音の高さで表されているんだね。私たちももう少し工夫してみよう。

○紹介されたグループの発表を聴いて自分たちの作品づくりの参考にするようにする。

（5）発表をする。

> ＜うぐいすさんグループ＞
> ♪「うぐいすさん、みーつけた」
> 　ラソラ　　ラソラ
> ♪「あ　らら　　みつかった」
> 　ラソラ　　ラソミ

> 最後の音を下げているから残念な気持ちが伝わってきました。

○見つかった時の気持ちと旋律の流れを関連させながら、工夫のポイントと照らし合わせて、互いの表現のよさを伝え合うようにする。
○発表したグループの作品を模倣して全員で歌い、それぞれの工夫を共有することで、作品のよさを感じ取ることができるような場を設定する。

> ＜オオカミさんグループ＞
> ♪「オオカミさん、みーつけた」
> 　ラソラ　　ラソラ
> ♪「ざんねんだ　　みつかった」
> 　ラソラ　　ラソラ

【技】思いに合った表現をするために必要な、呼びかけとこたえや反復を用いて、音楽をつくる技能を身に付けてつくっている。

「くりかえし」を使って、オニに返事をしている感じがするよ。	
4．本時のまとめをする。	○活動の楽しさや、工夫の内容を振り返り、ふしづくりの楽しさを実感するようにする。

7 実践を振り返って

○遊びうたで楽しく遊ぶ

本題材の導入では、まず遊びうたで楽しく遊ぶ活動から入りました。その際、映像の視聴、教師のモデル演奏を鑑賞し、遊びうたの楽しさを感じ取り、興味をもつようにしました。そうすることで、次第に児童の普段の生活の中でも休み時間に遊びうたを楽しむ姿が見られるようになりました。

その状況を踏まえて、音楽の授業では、遊びを通して、遊びうたに使われている歌詞や

〈なべなべそこぬけで楽しく遊ぶ児童〉

ふし等による遊びうたのよさや楽しさを感じ取る学習を進めてきました。このような児童の生活に即した自然な学習の流れによって、自分たちが考えた歌詞やふしで遊んでみようという意識が高まり、抵抗なく、楽しみながら音楽づくりに取り組むことができました。

また、遊びうたは、体の動きを取り入れた遊びが多くあり、楽しみながら体を動かす活動を通してリズム感や旋律感を身に付けることができます。ふしづくりの活動でも気持ちやイメージを体現化し、遊びながら体を使った動きを取り入れることで、工夫の幅が広がりました。

○ミソラ音符カードについて

「ミソラ音符カード」は下からミ・ソ・ラの段をつくり、そこへ歌詞の文字をかいたマグネットを貼れば楽譜ができるというものです。マグネットですので修正が容易にでき、試行錯誤しながらふしづくりを行うことができます。同時に視覚的に音の動きを確かめながら、互いの表現を聴き合うことができ、音符カードは、旋律のつながり方の特徴（反復、呼びかけとこたえなど）に気付く効果的な手立てとなりました。

〈ミソラ音符カードをつかって旋律づくり〉

○音楽を形づくっている要素を用いた言語活動

音楽を形づくっている要素を児童に分かりやすく、反復は「くりかえし」、呼びかけとこた

えは「もしもしなーに」というように示しました。これは、児童の発言から出てきた言葉です。このような言葉を用いることによって、ふしづくりにおいては、友達とどのようなふしにするのか話し合う際に、「ここは、『もしもしなーに』を使ってつくろう」というように、音楽を形づくっている要素が身近なものとなり、円滑に言語活動を進めることができました。

<ふしづくりのポイント>
・もしもしなーに
・くりかえし
・ミソラの音を使う
・ふりつけをする

〈音楽を形づくっている要素を児童にわかりやすく示す〉

　児童の発達段階を考慮し、実際に活用できるような言葉に変換して学習に活用することで、言語活動が充実し、思考力、判断力、表現力等を育成することにもつながっていくのではないかと考えます。

○ふしづくりで用いる楽器について

　ふしづくりの際には、やはり音程を確かめるための楽器が必要です。児童の発達段階を考慮し、どの活動場面でどの楽器が適しているのかということが、研究協議会で課題としてあがりました。限られた音を使ってふしづくりをするのであれば、一緒に歌うこともできる、卓上型の木琴の方がよかったのではという意見も出ました。しかしながら、本実践では、児童にとって身近であり、楽器の演奏者も友達と活動を共にさせたいという思いから、鍵盤ハーモニカを用いることにしました。

〈鍵盤ハーモニカで演奏しながら登場〉

　これらのことから、音楽づくりの際には、音を確かめるために楽器を使用し、実際に動きを伴って発表する場面では、指導者がふしを演奏して支援するという方法もあってよいのではとも考えられます。学習のどの場面で児童の楽器演奏が必要なのか、どの楽器が一番適しているかは、児童の発達段階や実態、学習の場の設定に応じて、臨機応変な準備や対応が必要です。

ぎおん太こで楽しもう
〜2つのリズムを重ねて〜

1 題材の目標

○祭り囃子の曲想及びその変化と、音楽の構造との関わり、太鼓の音やリズムのつなげ方や重ね方の特徴に気付くとともに、思いや意図に合った表現をするために必要な、音楽の仕組みを用いて、太鼓の音楽をつくる技能を身に付ける。

○リズム、強弱、速度、変化、音楽の縦と横の関係を聴き取り、それらの働きが生み出すよさや面白さを感じ取りながら、聴き取ったことと感じ取ったこととの関わりについて考え、自分たちの太鼓の音楽を工夫し、お囃子や小倉祇園太鼓の曲や演奏のよさなどを見いだし、曲全体を味わって聴いたり、どのように全体のまとまりを意識した音楽をつくるかについて思いや意図をもったりする。

○祭り囃子の太鼓の音楽、小倉祇園太鼓の音楽の特徴などに興味をもち、音楽活動を楽しみながら主体的・協働的に鑑賞や音楽づくりの学習活動に取り組み、祇園太鼓の音楽に親しむ。

2 郷土の音楽（小倉祇園太鼓）の教材性

　和太鼓のよさは、何といっても音色です。全身の振動を通して伝わる和太鼓の音色やリズムは躍動感や高揚感を感じさせ、私たち日本人の心に響きます。また、和太鼓は、強弱、アクセント、音色、速度等の変化を加えることによって、豊かな音楽表現が可能な楽器ですので、この時期の児童にとって思い思いに音楽をつくって表現することができます。

　全国の〇〇太鼓と呼ばれるものは「何々の神をまつるための行事」として行われてきており、それぞれの地域の祭りの芸能の一つとして伝承されています。自分たちの郷土に伝わる音楽に誇りをもち、大切に思う気持ちを育成していきたいという思いから、この題材を設定しました。

　北九州にも、古くから伝わる祭囃子の一つに地元の誇るべき「小倉祇園太鼓」があります。ドロと呼ばれる低音の一定のリズムに、カンという高音の動きのあるリズムが重なりあって構成されています。毎年競演会が開催され、地域の人々に大変親しまれています。太鼓の高度な技術による演奏はまさに芸術的です。さらに、礼節と品格を重んじた伝統芸能であることから、ぜひ、その素晴らしさを教育の場で児童に伝えたいと考えました。そこで、鑑賞の活動ではそのよさや特徴について実感を伴って感じ取る学習、音楽づくりでは伝統を重んじるという観点から、小倉祇園太鼓の創作ではなく、あくまでも3拍子で2つのリズムを重ね合わせる等の音楽の要素における特徴を生かしたリズムづくりを行う学習として取り組むことにしました。

※　本題材にて取り上げた他の祭り囃子
①「ねぶた囃子」（青森県）　②「神田囃子」（東京都）　③「祇園囃子」（京都府）

〈本実践で活用した具体的な教材〉

・掲示物　　日本各地の祭囃子マップ

・音源　　　「小倉祇園太鼓」地元の競演会の奏者及びその収録映像

③ 本題材で扱う学習指導要領の内容

A　表現（3）　音楽づくり　ア（イ）、イ（イ）、ウ（イ）

B　鑑賞（1）ア・イ　〔共通事項〕（1）ア

〈本題材における思考・判断のよりどころとなる主な「音楽を形づくっている要素」〉

「リズム」、「速度」、「強弱」、「音楽の縦と横との関係」

④ 題材の評価規準

知識・技能	思考・判断・表現	主体的に学習に取り組む態度
①知　祭り囃子の曲想及びその変化と、音楽の構造との関わりについて気付いている。（鑑賞）	思①　リズム、強弱、速度、変化、音楽の縦と横の関係を聴き取り、それらの働きが生み出すよさや面白さを感じ取りながら、聴き取ったことと感じ取ったこととの関わりについて考え、小倉祇園太鼓の曲や演奏のよさなどを見いだし味わって聴いている。（鑑賞）	態①　祭り囃子の音楽、小倉祇園太鼓の音楽の特徴などに興味をもち、音楽活動を楽しみながら主体的・協働的に鑑賞や音楽づくりの学習活動に取り組もうとしている。
②知技　太鼓の音やリズムのつなげ方や重ね方の特徴に気付くとともに思いや意図に合った表現をするために必要な、音楽の仕組みを用いて、太鼓の音楽をつくる技能を身に付けて音楽をつくっている。（音楽づくり）	思②　リズム、強弱、速度、変化、音楽の縦と横の関係を聴き取り、それらの働きが生み出すよさや面白さを感じ取りながら、聴き取ったことと感じ取ったこととの関わりについて考え、自分たちの太鼓の音楽を工夫し、どのように全体のまとまりを意識した音楽をつくるかについて思いや意図をもっている。（音楽づくり）	

⑤ 題材の指導計画（総時数 7時間）

次	時	主な学習内容・活動	指導・支援上の留意点、評価	評価の観点 知・技	思	態
	1	◎祭り囃子を鑑賞し、特徴やよさを感じ取る。 ○祭り囃子について知り、各地の祭り囃子の特徴を感じ取りながら聴く。 　＜各地の祭り囃子＞ 　・ねぶた囃子 　・神田囃子 　・祇園囃子	・それぞれの祭り囃子に対するイメージを捉えて聴くために、映像を視聴させたり祭り囃子マップや写真などを掲示したりする。 ・それぞれの共通点や相違点をリズムや速さや音色に着目して聴き、気付いたことや感じたことを鑑賞カードに記入し、内容を整理し焦点化することで、それぞれの特徴を確かめるようにする。			

次	時	学習活動	教師の意図	評価
1	2	○小倉祇園太鼓のゲストティーチャーによる演奏を鑑賞したり、和太鼓の演奏を体験したりする。 <祇園太鼓の特徴> ・2つのリズムを重ねている（低音のリズムと高音のリズム） ・3拍子 ・音楽の構成：はじめ→中→終わり	・ゲストティーチャーによる小倉祇園太鼓の生の演奏や、人々の思いや歴史についての話を聴き、小倉祇園太鼓への興味をもつようにする。 ・実際に太鼓のリズムを打ち、小倉祇園太鼓に親しむようにする。 ・お囃子の音楽の構成に気付くように視覚化する。 ・児童の発達段階を考慮し、演奏可能で特徴的な部分のみを抜粋して演奏するようにする。	①知 発言・記述　①発言・記述
	3	○「小倉祇園太鼓」のよさを味わう。	・自分たちで演奏してみることによって、更に小倉祇園太鼓に親しむことができるようにする。 ・口唱歌に合わせて打つようにする。	
2	4	◎「わたしたちの○○太鼓」をつくる。 ○低音のリズムを打ちながら、どんな「○○太鼓」にするかイメージを広げる。	・低音のリズムからイメージされるもの（風・雷・雨。花火など）からテーマを決め、気付いたことやイメージしたことをワークシートに記録するようにする。 ・次時は拍を刻む低音のリズムに合わせて、高音のリズムをつくることを共通理解するようにする。	②観察・発言・記述　②知技 観察・発言・記述　①観察・発言・記述
	5 （本時）	○各グループでお囃子の高音のリズムをつくり、低音のリズムと重ね合わせて表現する。（本時5／7）	・テーマに沿って低音のリズムと重ねて高音のリズムをつくるようにする。 ・口唱歌や実際に太鼓を打つことによって、リズムを試しながらつくるようにする。	
	6	○つなぎ方や終わり方を工夫し、全体のまとまりを考えてお囃子を仕上げる。 ・ポイント…速度の変化、かけ声等	・テーマに合うつなぎ方や終わり方を工夫するポイントとして、かけ声やリズムの強弱、速さを示す。 ・全員でリズムを合わせるための手立てとして、拍に合わせて体の動きを取り入れることを示す。	
3	7	◎お囃子発表会をする。 ○学年で自分たちがつくった「○○太鼓」の演奏を発表し聴き合う。	・グループごとに発表し合い、友だちの演奏のよさを見つけることができるようにする。	

6 和太鼓による高音のリズムづくりの場面 【第5時 学習の様子】

（本時のねらい）低音のリズムに合わせ、自分たちのテーマに合うように、全体のまとまりを意識して高音のリズムを工夫し、和太鼓による音楽づくりを楽しむことができる。

授業の流れ	教師の意図と評価
1「小倉祇園太鼓」のうたを歌い、太鼓の演奏をする。	○太鼓のリズムづくりにおける学習の雰囲気づくりをする。

2　本時のめあてを確かめる。	○学習のめあてを確認し、学習の意欲を高める。

めあて

表したい様子が伝わるようにくふうしよう。

3　グループに分かれて、低音のリズムに合わせて高音のリズムを工夫してつくる。 （1）活動の見通しをもつ。	○教師によるモデル演奏によって工夫ポイントを具現化する。 ＜台風太鼓＞

1回目と2回目を比較する。
1回目：変化なし
2回目：強弱と速度に変化をつける。

＜工夫のポイント＞
①強弱
②速度
③かけ声
④終わり方

> 速度や強弱の変化によって台風が近づいてきてだんだん激しさが増す感じがするね。

＜グループ活動の流れ＞
①たたきながらつくる。
②練習する。
③記録する。

（2）グループで自分たちのテーマに合うように太鼓のリズムを工夫する。 例：【火山太鼓】繰り返し	○低音の「♪ドドン　ドドン」と刻まれる一定のリズムに、高音のリズムをのせていくようにする。

> 太鼓の縁をばちでこする

> 太鼓の縁をばちでうつ

> 太鼓を連打する

高音パート	シュー　シュー　ボッコ　ボッコ　ドカーン　ドカーン　ドドドドド　ドカーーン
低音パート	ドドン　ドドン　ドドン　ドドン　ドドン　ドドン　ドドン　ドドン　ドドン　　ドドン　　ドドン　　　ドドン

> 低音のリズムで、これから火山が噴火するまでのドキドキ感を表そう。だんだん強くしてみよう。

> 高音のリズムで、マグマがボコボコ沸き立って最後に噴火する様子を表したいな。

【思】リズム、強弱、速度、変化、音楽の縦と横の関係を聴き取り、それらの働きが生み出すよさや面白さを感じ取りながら、聴き取ったことと感じ取ったこととの関わりについて考え、自分たちの太鼓の音楽を工夫し、どのように全体のまとまりを意識した音楽をつくるかについて思いや意図をもっている。（音楽づくり）（観察、発言、記述）

（3）中間発表をする。
例：【火山太鼓に強弱や速度の変化を加えた】

> 弱く

> ヤッ

> 強く

高音	だんだん速く	シュー　シュー　ボッコ　ボッコ　ドカーン　ドカーン　ドドドドド　ドカーーン
低音		ドドン　ドドン　ドドン　ドドン　ドドン　ドドン　ドドン　ドドン　ドドン　　ドドン　　ドドン　　　ドドン

> だんだん強く

> だんだん遅く

> かけ声や強弱、速さを入れることで迫力が出るな。噴火の様子が出るね

> 低音のリズムは同じリズムだけど、高音のリズムに合わせて強弱や速さを変化させているね。

	○速度や強弱、かけ声によって表現を工夫しているグループを紹介し、他のグループに工夫点を示す。
（4）各グループの作品を発表する。	○工夫のポイントに沿って、それぞれのグループの音楽のよさに気付くようにする。
5　本時の学習をふり返り、次時の活動への意欲を高める。	○次は、「仕上げ」に向けて、つなぎ方を工夫することを予告し、次時の学習への意欲を高める。

7 実践を振り返って

○小倉祇園太鼓の魅力を生かした音楽学習

　児童にとっては、小倉祇園太鼓の奏者はあこがれです。自分たちがこの太鼓を打つことができるということで、とてもワクワクしていました。和太鼓によるドロと呼ばれる低音の反復するリズムと、カンという高音の躍動感あるリズムが織りなす優美で迫力のある演奏は、人々に感動を与えてくれます。また、3拍をひとかたまりと捉える珍しいリズムを有しています。

　これらの特徴は、これまでの和太鼓での音楽づくりの活動とは異なる様々なヒントとなりました。特に低音パートの「♪ドドンドドンドドン♪」という3拍子の体に響き渡る和太鼓のリズムと音色は、児童にとって様々な自然現象（雷、台風、火山噴火等）を連想させたようです。さらに、高音のパートを重ねるという活動が加わることにより、音楽づくりにおける表現が広がりました。一人で打つ創作太鼓とは異なり、2つのリズムを重ねることの面白さや、友達と息を合わせて演奏する楽しさを体験することができました。

〈小倉祇園奏者へのあこがれ〉

〈リズムをリレーでつなげていく〉

　また、小倉祇園太鼓は、太鼓の演奏者以外は山車を引き、歌いながらねり歩き、演奏者が順番に入れ替わります。つまり、太鼓の奏者以外の者も一体となって演奏をつくり上げることになります。したがって、太鼓の順番を待っている間も傍観者になることがありません。連携プレーで演奏を引き継いでいかなければなりませんので、友達が演奏している間も一緒に体でリズムをとりながら、かけ声

〈体全体で太鼓をたたく〉

をかけ、一体となって音楽をつくり上げていきました。この連携がいかにうまくいくかが大事なので、かけ声や間の取り方等を工夫する姿も見られました。このように、協働して音楽をつくり、表現する活動を通して、児童は心の絆を築き上げることができました。また、この学習を通して、「『○○太鼓』をつくってみて小倉祇園太鼓のすごさがわかりました」「来年はぜひ競演会を見に行きたいです」といった児童の感想に見られるように、伝統ある郷土の芸能に誇りと親しみをもつことにもつながりました。

○音や音楽を伝え合う

　太鼓の音色やリズムを「ことばの楽譜」で表しました。これにより、思ったイメージをそのままことばのリズムによって表現し、それを伝えることが可能になります。例えば、中の場面（ピンク）について「花火って大きいのがドーンドーンって上がって、そのあと小さいのがドッカドッカといくつか上がるでしょ。その後またドーンドーンって大きいのが上がるから、ここのところは強くするといいね。」等、情景と音楽とを関わり合わせて表現していました。その他、強弱については、文字の大きさによって表しています。ただ、太鼓の演奏の仕方については、ことばとの関連は特に設定しにくいことから、「バチを打つ」や「太鼓の縁をバチでなぞる」など、具体的な演奏の仕方を書き込むようにしました。

　このような「ことばの楽譜」を用いることで、友だちと協働で学ぶ上での言語活動が充実し、学習が深まりました。

〈両面打ちによる２つのリズムの重なり〉

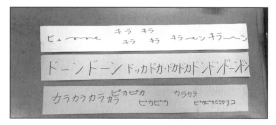

〈花火太鼓のことばの楽譜〉

〈花火太鼓の情景説明〉

はじめ：黄

ピューと花火が上がり始める。キラは（太鼓の縁を打つ）
キラキラ光る花火（細かく打って小さく打つ）

中：ピンク

大きな花火がドドーンと上がる様子（太鼓を強く打つ）

終わり：青

大きな花火が上がった後の残った光
カラカラは、（太鼓の縁をこする）

ここは、ドーン ドーンって強くしよう。

いいねえ。
ドッカドッカは小さい花火が上がるから細かく打とう。

〈音をことばで伝え合う〉

生活のうたを楽しもう
～わたしたちの民謡をつくろう～

1 題材の目標

○民謡の曲想及びその変化と、音楽の構造との関わり、音階や合いの手、音やフレーズのつなげ方や重ね方の特徴に気付くとともに、思いや意図に合った表現をするために必要な、音階や音楽の仕組みを用いて、音楽をつくる技能を身に付ける。

○民謡で使われる音階、拍、呼びかけとこたえ(合いの手)を聴き取り、それらの働きが生み出すよさや面白さ、美しさを感じ取りながら、聴き取ったことと感じ取ったこととの関わりについて考え、民謡のよさなどを見いだし、曲全体を味わって聴いたり、旋律を工夫し、どのようにまとまりを意識した音楽をつくるかについて思いや意図をもったりする。

○郷土の民謡の、音楽の特徴などに興味をもち、音楽活動を楽しみながら主体的・協働的に鑑賞や音楽づくりの学習活動に取り組み、様々な郷土の民謡に親しむ。

2 民謡の教材性

　日本の民謡は、日本人のそれぞれの生活や文化の中で自然に生まれ、生活のうたとして人々に親しまれてきました。労働や作業を活気付けるものや、郷愁や祝い事を表すものなど様々ですが、庶民の心情を音楽で表現し、郷土で歌い継がれてきたものが数多くあります。歌い手がその時々の心持ちによって自由な工夫を加えて歌い、伴奏者がそれに応えるといったような、決められた譜面を演奏するだけではない、自由なやり取りを楽しめることも魅力の一つです。我が国や郷土の音楽の中でも特に民謡は、何人かで同時に音を出し始めるタイミングの合わせ方や、「間」の取り方に、息を合わせるという特徴があります。こうした民謡の親しみやすさや自由さは、児童が楽しく表現したり、自分の思いや意図をもって音楽づくりをしたりする学習活動に適しています。

　本題材では、様々な地域の民謡の特徴を学び、その学びを生かして私たちの民謡、すなわち「生活のうた」をつくるものです。このような学習は、我が国や郷土の大切な文化である民謡を継承しようとするだけでなく、創造、発展させていこうとする態度の形成につながります。

※　本題材にて取り上げた民謡

① 「ソーラン節」(北海道)　② 「南部牛追い歌」(岩手県)　③ 「花笠音頭」(山形県)

④ 「斎太郎節」(宮城県)　　⑤ 「黒田節」(福岡県)　　　⑥ 「博多祝い唄」(福岡県)

〈本実践で活用した具体的な教材〉

・掲示物　　日本各地の民謡地図　ミュージックボード（後掲）

3 本題材で扱う学習指導要領の内容

A 表現（3） 音楽づくり　ア（イ）、イ（イ）、ウ（イ）
B 鑑賞　ア・イ〔共通事項〕（1）ア

〈本題材における思考・判断のよりどころとなる主な「音楽を形づくっている要素」〉
「音階」（民謡の音階、「ミソラシレミ」を使用）、「拍（間）」、「呼びかけと答え」（合いの手）

4 題材の評価規準

知識・技能	思考・判断・表現	主体的に学習に取り組む態度
①知　民謡の曲想及びその変化と、音楽の構造（拍の有無など）との関わりについて気付いている。（鑑賞）	思①　民謡で使われる音階、拍、呼びかけとこたえ（合いの手）を聴き取り、それらの働きが生み出すよさや面白さ、美しさを感じ取りながら、聴き取ったことと感じ取ったこととの関わりについて考え、旋律を工夫し、どのようにまとまりを意識した音楽をつくるかについて思いや意図をもっている。（音楽づくり）	態①　郷土の民謡の、音楽の特徴などに興味をもち、音楽活動を楽しみながら主体的・協働的に鑑賞や音楽づくりの学習活動に取り組もうとしている。
②知技　音階、合いの手など音やフレーズのつなげ方や重ね方の特徴に気付くとともに、思いや意図に合った表現をするために必要な、音階や音楽の仕組みを用いて、音楽をつくる技能を身に付けて音楽をつくっている。（音楽づくり）	思②　民謡で使われる音階、拍、呼びかけとこたえ（合いの手）を聴き取り、それらの働きが生み出すよさや面白さ、美しさを感じ取りながら、聴き取ったことと感じ取ったこととの関わりについて考え、民謡のよさなどを見いだし、曲全体を味わって聴いている。（鑑賞）	

5 題材の指導計画（総時数 5時間）

次	時	主な学習内容・活動	指導・支援上の留意点、評価	評価の観点		
				知・技	思	態
1	1	◎民謡を聴き比べたり、歌ったりしてそれぞれのうたに込められた情景を思い浮かべながら、民謡の特徴に気付き、よさを味わって聴く。 ○拍節的である「ソーラン節」と拍節的でない「南部牛追い歌」を聴き比べたり、「花笠音頭」や「斉太郎節」や二種類の「ソーラン節」の色々な合いの手を聴いたり、歌ったりする。	・「ソーラン節」と「南部牛追い歌」を比較して手拍子をしながら聴き、民謡の中には、拍節的なものとそうでないものとがあることに気付き、それぞれの特徴に気付くようにする。 ・「花笠音頭」と「斉太郎節」を聴き、曲の背景により、様々な合いの手があること			

次	時	○学習活動	・教師の手立て	評価
	2	○民謡のゲストティーチャーの歌う民謡の特徴や、歌い方の特徴への気付きを深める。	・に気付くようにする。 ・ゲストティーチャーが歌う様子を鑑賞したり、実際に歌ったりする活動の場を設定する。	①知 発言・記述
2		◎民謡の特徴を生かして、自分たちの「生活のうた」をつくる。 ○自分たちのつくった歌詞から旋律づくりの構想をグループで考え、歌詞をつくる。（国語①）	・民謡の特徴を生かして自分たちの思いを伝えることができるように助言する。	
2	3	○歌詞に合った旋律づくりをする。 ＜ポイント＞ 1、民謡の音階を用いる。 2、言葉の抑揚にあった旋律づくりをする。 3、歌詞の雰囲気によって、拍節のありなしを選ぶ。 4、4小節×4で作成する。	・言葉の抑揚やリズムが自然に流れるように、歌い試しながら旋律やリズムをつくっていくようにする。 ・民謡の特徴（言葉の意味や雰囲気、音階、拍の流れ等）を生かして旋律づくりができるように、旋律づくりのポイントを示す。 ・つくった旋律を共有し、記録に残すために、旋律の動きなどをメロディーボードに記録するようにする。	②知技 観察・発言・記述　①観察・発言・記述
	4 （本時）	○合いの手、ゆれや動作を加えて、民謡の特徴を生かした「生活のうた」を仕上げる。 （本時4／5）	・合いの手、ゆれ、動作などを入れることでより民謡風になるようにする。 ・つくった旋律を民謡の歌声で歌って表現することができるように、ゲストティーチャーにアドバイスをしていただき、さらに民謡風の歌い方になるようにする。	
3	5	◎郷土の民謡（福岡県）の特徴やよさを味わう。 ○福岡県の民謡「黒田節」や「博多祝い唄」を味わいながら聴く。	・福岡県の民謡を聴き、民謡をより身近なものとして豊かに感じ取ることができるようにする。	②発言・記述　①観察・発言・記述

6 つくった旋律が民謡風になるように「生活のうた」を仕上げる場面【第4時 学習の様子】

（本時のねらい）旋律に装飾（合いの手）を加えたり歌い方を工夫したりする活動を通して民謡のよさや面白さに気付き、自分たちの思いに合った「生活のうた」を仕上げることができる。

授業の流れ	教師の意図と評価
1　ソーラン節をゲストティーチャーと一緒に楽しく歌う。	○ゲストティーチャーと一緒に歌うことによって、民謡の特徴を思い起こし、学習の雰囲気づくりをする。
2　本時のめあてを確かめる。	○日本各地の民謡に関する掲示物によって、これまでの学習を想起できるようにする。

—— めあて ——
民謡の特徴を生かして、思いが伝わるように「生活のうた」を仕上げよう。

授業の流れ	教師の意図と評価
3　グループに分かれて、つくったうたが民謡らしくなるように工夫する。 (1) 活動の見通しをもつ。	○活動の流れを提示する。

<グループ活動の流れ>
①合いの手を工夫しよう！
②メロディーボードに付け加えよう！
③何度も歌って民謡風に仕上げよう！
④聴き合おう！

<民謡らしくするポイント>
①合いの手を入れる。
②のばすところにゆれを入れる。
③母音を意識して歌う。
④おなかから声を出す。
⑤動作を入れる。

○既習の鑑賞による児童の気付きから明らかにされた民謡の特徴から、ポイントを提示する。
○のばすところで、ゆれを入れたり、母音を意識して歌ったりするところについては、ゲストティーチャーに実際に歌ってもらう。
○普通に歌う場合と民謡の歌い方とを歌い比べることによって、その違いを実感を伴って感じ取ることができるようにする。
○ゲストティーチャーと共に、各グループで民謡の発声を意識して歌っている児童を適宜価値付ける。
○拍節的なうた、拍節のないうたの特徴に合った合いの手を入れるように、適宜アドバイスをする。

(2) グループで民謡らしくなるようにうたづくりを工夫する。
例：【つらいな算数】

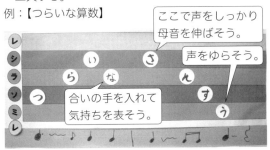

ここで声をしっかり母音を伸ばそう。

声をゆらそう。

合いの手を入れて気持ちを表そう。

「つらいな」の気持ちだと、「はあ〜」とため息のような合いの手はどうかな。

【思】民謡で使われる音階、拍、呼びかけとこたえ（合いの手）を聴き取り、それらの働きが生み出すよさや面白さ、美しさを感じ取りながら、聴き取ったことと感じ取ったこととの関わりについて考え、旋律を工夫し、どのように全体のまとまりを意識した音楽をつくるかについて思いや意図をもっている。（観察・発言・記述）

(3) 中間発表を聴いて話し合い、合いの手をうまく入れることによって民謡らしくなることを意識する。

(4) 話し合いで分かったことを生かして、自分たちの作品の修正をする。

○歌詞の雰囲気にあった合いの手を入れていたグループを紹介し、具体的な工夫の仕方について共通理解を図る。

4　各グループの生活のうたを発表する。

○各グループの発表が、「民謡らしくするポイント」を活用しているかという視点で、互いのよさに気付くようにする。
○発表の際は、伝えたいこと（思い）と、そのための工夫（意図）を紹介してから、自分たちの生活のうたを歌う。
【知技】音階、合いの手など音やフレーズのつなげ方や重ね方の特徴に気付くともに、思いや意図に合った表現をするために必要な、音階や音楽の仕組みを用いて、音楽をつくる技能を身に付けて音楽をつくっている。（観察、発言・記述）

○発表の後、友達のうたのよさを伝え合う場を設定するとともに、教師がそのよさを価値付けるようにする。

5　本時の学習をふり返り、次時の学習を知る。

○ゲストティーチャーの民謡の先生からも、自分たちの生活のうたを価値付けてもらうことで、達成感を味わえるようにする。

7 実践を振り返って

○民謡風の「生活のうた」をつくるにあたって

　民謡は、「労働」「神事」「舞」「子守」等、庶民のそのころの精神的、社会的、自然等について人々の喜怒哀楽を音楽に込め、各地方で歌い継がれてきたものです。民謡のこのような発生事情を知るにあたり、今現在の自分たちの生活に即した心の内面にある思いや心の叫びを音楽によって表現できるのではないか、という考えから「生活のうた」をつくることにしました。

〈友だちと試しながら音楽づくりする児童〉

　民謡は決められた音高による歌唱ではなく、それぞれ歌う人の音域で自由に表現できることも利点の一つです。実際、音楽づくりの際には、一人一人が自分の思いを生かし、歌い試しながら、生き生きと活動を進めていく様子が見られました。中でも、これまでどちらかというと、音楽の時間に活躍が少なかった児童が、

〈民謡の学習における児童の感想〉

自信をもって歌って表現する姿が見られたことは、成果の一つです。民謡だからこそできた心の表出です。このように、民謡に親しみ、思いや意図をもって音楽で表現できたことは、児童にとって大きな喜びとなりました。初めは耳慣れなかった民謡でしたが、次第に親しみをもち、学習の終末には、「民謡って結構歌っていて楽しい」「これからも地元の民謡を歌っていきたい」という発言が見られるようになりました。

○音楽づくりで用いた音階について

　「生活のうた」をつくる学習で使用する民謡の音階を共有しました。当初は、最高音が出しやすいことを考慮して、「レファソラドレ」を使用しました。しかし、実際につくってみると、低音部分を使用することが多く、歌いにくいということ、ソーラン節の楽譜の音階を利用した方が違和感がないということから、「ミソラシレミ」を取り入れることにしました。ただし、

音楽づくりを進めるにあたって、核音を「ミ」とすることが適当ですが、内容によってはじめと終わりの音は固定せず、臨機応変に「レ」からはじめるなど、幅のある対応を心がけました。

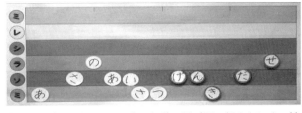

〈記譜で活用したミュージックボード（題：朝のあいさつ）〉

　また、記譜については、「ミュージックボード」を開発し、児童の考えた音楽を記録し、視覚的に捉えることができるようにしました。「ミュージックボード」は、民謡で用いる5音「ミソラシレミ」を音高順に設置したものに、歌詞を音符のようにしてマグネットで貼っていくというスタイルのものです。五線譜が苦手な児童でもこの「ミュージックボード」であれば、どんどん自分の発想を広げ、記録していくことができました。

　音を視覚的に表示するということは、音楽学習の上では重要です。音の高さや音の長さを視覚で捉えることで、旋律の動きを客観的に再認識する作業が可能となります。さらに、作品を共有し、よりよい音楽づくりを目指し練り合う場面等、協働的な学びへの発展としても大変便利なアイテムとなりました。

○地域の民謡名人の協力

　ゲストティーチャーにどのような場面で、どのように授業の中で活躍してもらうかをしっかりと計画し、ご理解いただいておくことが重要です。授業における指導はあくまでも教師であり、実技や専門的な支援が必要な下記のような場合については、適宜登場していただくことが望ましいと考えます。

〈ゲストティーチャーによる支援〉

・実際に民謡の特徴的な歌声を聴く
・民謡の発声の仕方を知る
・プロの視点による称賛やアドバイス等

　これらのことを事前に共通理解しておくことで、本実践では、よいタイミングでご支援いただき、効果を得ることができました。中でも、実際の歌声を臨場感をもって聴き、民謡の特徴的な歌声の素晴らしさを体感できたことは、児童にとって感動的であったようです。ゲストティーチャーの歌っている様子を視覚的にも捉えることができ、体の使い方や呼吸の様子を模倣することによって、民謡の発声に近付くことができました。

　また、プロの方からの称賛は、児童にとって達成感や自信にもつながります。実際、これまで歌うことを苦手と感じていた児童が、民謡の発声で歌ったところを称賛され、みんなの前で堂々と歌うようになったという姿も見られました。このように適切な場面でのゲストティーチャーの協力は貴重な経験となり、学習の効果を高めることができます。

演 JOY 狂言
～「呼声」～

1 題材の目標

○狂言の音楽の曲想及びその変化と、音楽の構造との関わりについて理解するとともに、自分たちの表したい狂言の音楽をつくるために必要な、かけ合い、反復や変化を用いて、音楽をつくる技能を身に付ける。

○呼びかけとこたえ（かけあい）、反復、間、変化（速度や強弱）を聴き取り、それらの働きが生み出すよさや面白さを感じ取りながら、聴き取ったことと感じ取ったこととの関わりについて考え、狂言の音楽のよさを見いだし味わって聴いたり、どのように狂言の歌詞に合う音楽をつくるかについて思いや意図をもったりする。

○狂言の音楽の特徴などに興味・関心をもち、音楽活動を楽しみながら主体的・協働的に鑑賞や音楽づくりの学習活動に取り組み、狂言の音楽に親しむ。

2 狂言の教材性

　狂言は、能とともに能楽と呼ばれ、室町時代から650年もの間、継承されてきた日本の誇るべき伝統芸能であり、音楽、舞踊、演劇等複数の分野の芸術が融合した総合芸術とも言えます。

　内容的には、庶民を主人公とした喜劇が多く、現代にも共通する人間のおかしみを素材としています。台詞や音楽も分かりやすく、児童が親しむことのできる作品がたくさんあります。狂言の中での音楽は、場を盛り上げたり、登場人物の心情や時にはストーリーの進行を表現したりする等の役割をもつこともあります。「呼声」の踊節もその一つです。同じフレーズの繰り返しが変化していくことで物語が展開され、笑いとともに物語の終結を表現しています。また、本実践にあげた「蝸牛」の囃子物等は、舞を伴った軽快なリズムにより、山伏と太郎冠者のやりとりを楽しむことができます。これらを教材とすることで、リズムや速度、間のタイミング等の音楽の要素と曲想との関わりについて学ぶことができます。

　また、狂言の発声は特徴的です。マイクを使わず、体全体を使った響きのある声で演じたり歌ったりします。狂言を体験し表現する活動を通して、思いを伝えるために声を遠くに響かせる歌い方を習得することも期待できます。思いをもって、響きのある声で表現することを意識できる教材です。

〈本実践で活用した具体的な教材〉

○DVD　・「にほんごであそぼ　萬斎まんさい」　⑥蝸牛　⑫呼声（萬斎）、⑭呼声（子ども）

　　　　・〈三番叟〉〈呼声〉　万作の会　大濠公園公演　2002年

○掲示物　・〈呼声〉の詞章と内容の解説、〈蝸牛〉の詞章と内容の解説

　　　　　・狂言についての説明（歴史的背景）

③ 本題材で扱う学習指導要領の内容

A　表現（3）音楽づくり　ア（イ）、イ（イ）、ウ（イ）
B　鑑賞　ア・イ〔共通事項〕（1）ア

〈本題材における思考・判断のよりどころとなる主な「音楽を形づくっている要素」〉
「呼びかけとこたえ」（かけあい）、「反復」、「間」、「変化」（速度や強弱）

④ 題材の評価規準

知識・技能	思考・判断・表現	主体的に学習に取り組む態度
①知　狂言の音楽の曲想及びその変化と、音楽の構造との関わりについて理解している。（鑑賞・音楽づくり）	思①　呼びかけとこたえ、反復、間、変化（速度や強弱）を聴き取り、それらの働きが生み出すよさや面白さを感じ取りながら、聴き取ったことと感じ取ったこととの関わりについて考え、狂言の音楽のよさを見いだし味わって聴いている。（鑑賞）	態①　狂言の音楽を味わって聴いたりつくったりすることに興味・関心をもち、音楽活動を楽しみながら主体的・協働的に鑑賞や音楽づくりの学習活動に取り組み、狂言の音楽に親しんでいる。
②技　表したい狂言の音楽をつくるために必要な、かけ合い、反復や変化を用いて、音楽をつくる技能を身に付けて音楽をつくっている。（音楽づくり）	思②　呼びかけとこたえ、反復、間、変化（速度と強弱）を聴き取り、それらの働きが生み出すよさや面白さを感じ取りながら、聴き取ったことと感じ取ったこととの関わりについて考え、どのように狂言の歌詞に合う音楽をつくるかについて思いや意図をもっている。（音楽づくり）	

⑤ 題材の指導計画（総時数　5時間）

次	時	主な学習内容・活動	指導・支援上の留意点、評価	評価の観点 知・技	思	態
1	1　2（本時）	◎「蝸牛（かぎゅう）」、「呼声（よびごえ）」を鑑賞し、狂言の音楽の特徴やよさを感じ取る。 ○「蝸牛」を鑑賞したり、囃子物の部分を体験したりして、狂言の音楽に親しむ。 ○「呼声」の踊節の部分を鑑賞したり、体験したりして、曲想と音楽の構造との関わりについて話し合い、狂言の音楽の特徴やよさを見いだす。 （本時2／5）	・狂言を視聴したり、体験をしたりして、狂言の音楽のよさや面白さを感じ取り、学習の見通しをもつようにする。 ・踊節の詞章を提示し、音楽の構造と曲想との関連について視覚的に表し、関係性を認識できるようにする。 ・踊節の言葉をアレンジして表現し、リズムアンサンブルを工夫して楽しむようにする。	①知 発言・記述	①発言・記述	
		◎「呼声」の踊節をもとに、身近な出来事を題材とした狂言の音楽をつくる。				

		○思いや願いをもち、狂言の詞章をつくる。 （国語①）	・日常の面白い出来事を題材としてストーリーを考えるようにする。			
2	3	○狂言の詞章に合うふしをつくる。	・呼びかけとこたえや反復、変化等が含まれる狂言の特徴を用いることを助言する。	②技観察・発言・記述	②観察・発言・記述	
	4	○設定された条件に合うように、リズムを組み合わせたり、強弱・速さ等を変化させたりして表現の工夫をする。	・表現の工夫のポイントとして、速さ、間、強弱の変化や、発声の方法等を提示する。			
	5	○「ミニ狂言発表会」を開催し、つくった作品を発表する。	・互いの狂言のよさを工夫の観点に沿って認め合うようにする。発表の場の設定を工夫し、気分を高めるようにする。			①観察・発言・記述

6 「呼声」のよさを実感を伴って感じ取る場面【第２時 学習の様子】

（本時のねらい）「呼声」の踊節を鑑賞したり、表現したりする活動を通して、曲想及びその変化と音楽の構造との関わりについて気付き、狂言の音楽の特徴やよさを見いだすことができる。

授業の流れ	教師の意図と評価
1　「蝸牛」を表現する。	○音楽に合わせて踊りながら歌い、前時までの学習を思い起こし、狂言の音楽の学習の雰囲気づくりをする。
2　本時のめあてを確かめる。	○狂言（「蝸牛」等の説明）に関する掲示物によって、雰囲気づくりをする。
めあて 狂言「呼声」の踊節の鑑賞をし、狂言の音楽の特徴やおもしろいところを見付けよう。	
3　狂言「呼声」の踊節の場面を鑑賞する。 (1)　ＤＶＤを視聴し気付いたことを話し合う。 <予想される児童の気付き> 太郎冠者と主人達が会話しているようだよ。「呼びかけとこたえ」になっているね。 同じふしが何度も繰り返されているけど、少しずつ変化しているよ。 だんだん言葉が短くなり、リズム感があるね。太郎冠者をのせようとしている感じが出ているね。 「太１」の「留守でござる」の最後の方は、テンポがゆっくりになって、間があるよ。これから何か始まりそうだね。	○「踊節」の特徴や面白いところを捉えることができるように、かけ合いの部分を抜粋して試聴するようにする。 ★　踊節の特徴 １呼びかけとこたえ ２反復 ３速度（だんだん遅く→間→だんだん速く） ４囃子詞（シャッキシャ・・・） ○ふしの構成を理解しやすくするために、拡大した詞章を掲示し、児童の気付きを書き込むようにする。
(2)　児童の気付きをもとに、「呼声」の組踊の音楽の特徴的なところに着目して、再度鑑賞する。	○「テンポが遅くなっているところ」や「間」などに着目して、特徴を全体で共有できるようにする。

呼声（踊節）かけ合いの部分

（主1）太郎冠者殿　お目にかかろぞ
（太1）太郎冠者殿　留守でござる（だんだんおそく）
●（間）
（主2）太郎冠者殿　太郎冠者殿
（太2）留守でござる　留守でござる
（主3）冠者殿　冠者殿
（太3）留守じゃ　留守じゃ
（主4）冠者　冠者
（太4）留守　留守
（主5）冠者　冠者
（太5）留守　留守
（主6）冠者　冠者
（太6）留守　留守
（主7）冠者
（太7）留守
（主8）冠者
（太8）留守
●（間）
（太9）やい、これは太郎冠者ではないか
（主9）留守でござる

> だんだん速く、冠者と留守との繰り返しの回数が少なくなっている

---

(3)「呼声」の組踊の音楽（かけ合いの部分）を歌ったり踊ったりして、狂言の面白さを感じ取る。 　実際に歌ってみると楽しいね。反復の仕方を変えるとどうなるかな？今度は、自分たちでアレンジしてみたいな。	○全員で歌ったり踊ったり、太郎冠者と主人役に分かれて歌ったり踊ったりするなどして、音楽の特徴を確認できるようにする。 ○拍を打ちながらの舞を取り入れることによって速度が速くなっていくことを体感できるようにする。
(4) グループで、かけ合いの部分を「冠者」と「留守」のリズムアンサンブルでアレンジし、踊節を楽しむ。	○踊節のふしのリズムをアレンジし、リズムの反復と変化の面白さを感じ取るようにする。 ○活動の見通しをもつために、教師がモデルを提示する。

＜アレンジのモデル＞

冠者
留守

冠者
留守
冠者

冠者冠者
留守留守

冠者冠者
留守留守

冠者冠者冠者
留守留守留守

冠者冠者冠者
留守留守留守冠者
留守留守留守冠者
　　　留守冠者
　　　　　留守

●（間）
やい、これは太郎冠者ではないか
留守でござる

　冠者と留守の反復の回数をだんだん多くするとどうかな？

　くり返しの部分はクレッシェンドで気持ちを高めよう。

＜工夫のポイント＞
・「冠者」と「留守」を反復させる。
・反復の回数や強弱を変化させる。

(5) 各グループがアレンジを発表し、気付いたことを話し合う。 ＜速度をゆっくり＞ 　冠者と留守の反復の回数はそのままで速度をゆっくりにしてみたよ。 　太郎冠者が出てきそうにもないね。 ＜反復の回数を多くし、速度をもっと速く＞ 　冠者と留守を1回ずつから2回ずつ4回ずつにし、だんだん速くしたよ。 　太郎冠者が強く誘われている感じだけど、まとまりがないね。	○発表するときは、アレンジの工夫（こういうことを表したいので、こんなことを工夫した）を伝えるようにする。 ○踊節のリズムの、反復表現の仕方を変えることで、音楽の感じや登場人物の心情にも変化が起こることに気付くようにする。 【知】狂言の音楽の曲想及びその変化と、音楽の構造との関わりについて理解している。（発言・記述） 【思】呼びかけとこたえ、反復、間、変化（速度や強弱）を聴き取り、それらの働きが生み出すよさや面白さ、美しさを感じ取りながら、聴き取ったことと感じ取ったこととの関わりについて考え、狂言の音楽のよさを見いだし味わって聴いている。（発言・記述）
4　学習を振り返り次時の活動へつなげる。	○本時の学習を振り返り、次時は自分たちで考えた狂言の音楽をつくる活動について意欲を高める。

7 実践を振り返って

○体の動きを取り入れて感じ取る

　「狂言」の音楽は、舞を伴っています。本実践においても、児童が体の動きによって、自然に息を合わせ音楽を感じ取りながら表現している場面が見られました。特に、日本の音楽には、入り方が分かりにくい拍節的でないリズム（間・速さの変化）を表現する場合があります。友達と合わせて歌うために、息を合わせて歌うことが重要になってきます。そのような時に、手拍子に足の動きの伴う踊節の「浮き足」という舞により、友達と息を合わせて楽しみながら歌うことができました。また、体の動きを伴うことで、リズムや拍の面白さ等音楽そのもののよさを実感を伴って感じ取ることができます。日本人ならではのリズムの感じ方を体感できる踊節により、自然と体が動き出す児童もいました。

〈踊節の舞を楽しみながら歌っている児童〉

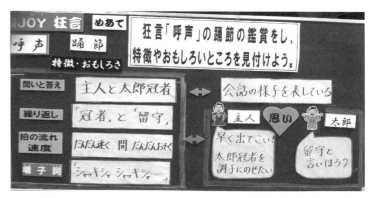

〈「音楽のもと」と「登場人物の思い」との関連を表した板書〉

　このように、実感を伴う感じ取りができるだけでなく、友達と楽しく踊ったり歌ったりして音楽の面白さを感じることのできる活動となりました。

○感じ取りを伝え合う活動の工夫について

　本校では、音楽を形づくっている要素を「音楽のもと」と呼び、子供たちに定着させてきました。

　本実践の狂言の鑑賞活動においては、主人の「太郎冠者に早く出てきて欲しい」という気持ちや太郎冠者の「居留守がばれないようにしたい」という気持ちを表わす曲想について「呼びかけとこたえ」や「反復」おける「速さ」や「強弱」の変化について聴き取ることにより、根拠をもつことができました。このように、感じ取りについての根拠が明確になっているため、自信をもって音楽の特徴を言語化することができ、友達との協働的な学びも活性化しました。

　一方、表現（音楽づくり）の活動においても、必要な「音楽のもと」を音楽づくりのポイントとして挙げることにより、思いや意図をもって音や音楽で表現する方向性を具体的に示し、共通理解を図ることができました。

○狂言の教材化について

　「狂言」は、セリフ劇として認識されていることが多く、音楽とは関連が薄い芸能であるように思われがちですが、

〈「狂言」（蝸牛）についての児童の感想〉

歌舞を基本とした伝統芸能の一つです。日常の庶民の生活を題材とし、笑いを中心としたものが多いため、身近に感じられやすく分かりやすいので、楽しみながら学習できる教材となり得るものがあります。

　たくさんの演目の中で、どの演目のどの部分を取り扱うかということですが、本実践では、リズムが軽快で親しみやすいものということで、NHK のにほんごであそぼにヒントを得て「呼声」と「蝸牛」を取り上げました。中でも「呼声」の「踊節」は、児童の発達段階を踏まえた狂言の学習としても興味・関心をもちやすいものであると考えられます。児童の感想からも、「『狂言』といわれると難しいというイメージがあったけど、面白いし分かりやすかった」「『狂言』は能舞台で演じられる伝統芸能だということで、本物をまだ見たことがないけど、今度本物を見てみたい」「『狂言』で出てくる人は、昔の人だが、今の自分たちと共通しているところがたくさんあった」「『狂言』に出てくるリズムが繰り返されていて面白い。登場人物の気持ちを考えることができた」等、狂言に親しみを感じていることが分かりました。

　本実践では、言葉のリズムアンサンブルとして音楽づくりに取り組みましたが、他の活動においても可能性がまだまだあるのではないかと考えられます。

〈呼声のあらすじ〉

　使用人の太郎冠者が無断欠勤をしたところ、主人と太郎冠者の同僚である次郎冠者が太郎冠者の自宅へ迎えにやってきたところの場面です。

　主人らはあの手この手で太郎を呼び出そうとしますが、太郎は居留守を使い、一向に出てこようとしません。そこで、次郎が知恵をしぼり、太郎の好きな踊りやうたでおびき寄せてはということを提案します。初めは、平家節や小歌節等の音楽で試みますが、失敗に終わります。そして、最後に本実践でも用いた、軽快なリズムによる舞とうたで構成される踊節で、太郎をおびき寄せようということになります。太郎は次第にその音楽によって楽しい気分になってしまい、とうとうおびき寄せられ家から出てきてしまいます。

　最後には両者が対面し、太郎であることがばれてしまいますが、太郎は最後まで自分が留守であることを貫き通そうとするという可笑しみあふれる物語です。

越天楽今様に親しもう
～わたしたちの今様をつくろう～

1 題材の目標

○「越天楽」や「今様」の曲想及びその変化と、音楽の構造や背景との関わりなどについて理解するとともに、思いや意図に合った表現をするために必要な、今様の特徴（5音階、反復、変化など）を用いて、音楽をつくる技能を身に付ける。

○旋律、音階、反復・変化を聴き取り、それらの働きが生み出すよさや面白さを感じ取りながら、聴き取ったことと感じ取ったこととの関わりについて考え、「越天楽」や「越天楽今様」、「黒田節」の曲や演奏のよさなどを見いだし、味わって聴いたり、曲に合った旋律を工夫し、どのようにまとまりのある音楽をつくるかについて思いや意図をもったりする。

○ 「越天楽」や「今様」、「黒田節」の音楽の特徴などに興味・関心をもち、音楽活動を楽しみながら主体的・協働的に鑑賞や音楽づくりの学習活動に取り組み、雅楽、今様、民謡の音楽に親しむ。

2 越天楽今様の教材性

　本題材では、「越天楽今様」の「今様」に着目して題材を構成しました。今様とは、平安時代に流行った歌のスタイルで当時の人々の思いを音楽にした流行歌であり、現代に生きる私たちにとっても、思いを表現することのできる音楽のジャンルです。「越天楽今様」の詩については、慈鎮和尚によるものが最も普及しています。「越天楽今様」の旋律の構成は、七五調の歌詞に1音節1音（シラブル）でD、E、G、A、Bの5音というシンプルなものになっており、旋律づくりが容易です。D、E、G、A、Bの音の間隔は、半音下げた黒鍵（D♭、E♭、G♭、A♭、B♭）と同一です。黒鍵を用いることで、楽器の演奏を苦手とする児童でも、無理なくつくった音楽を弾いて確かめることができます。

　さらに、「黒田節」を、郷土の音楽「黒田節」の鑑賞の活動等につなげました。「筑前今様」と呼ばれる「黒田節」は、もとを辿れば「越天楽」や「越天楽今様」です。このような学習の流れによって、学習の広がりや深まりが期待できます。

〈本実践で活用した具体的な教材〉

○CD 　　　・平清盛×吉松隆：音楽全仕事 NHK 大河ドラマ（平清盛）
　　　　　　　オリジナルサウンドトラック2012、㉙「古き都を来てみれば」㉚「遊びをせんとや」

○掲示物　「越天楽」（雅楽）の演奏画、雅楽の楽器の写真
　　　　　　雅楽、今様、民謡に関する特徴ついての説明（歴史的背景等）
　　　　　　「越天楽今様」「あそびをせんとや」「古き都を来てみれば」の歌詞と楽譜

③ 本題材で扱う学習指導要領の内容

A 表現（3）音楽づくり ア（イ）、イ（イ）、ウ（イ）

B 鑑賞 ア・イ 〔共通事項〕（1）ア

〈本題材における思考・判断のよりどころとなる主な「音楽を形づくっている要素」〉

「旋律」、「音階」（D、E、G、A、Bの5音階）、

「反復・変化」（七五調×4句、A－A′－B－Cの構成）

④ 題材の評価規準

知識・技能	思考・判断・表現	主体的に学習に取り組む態度
①知 「越天楽」や「今様」の曲想及びその変化と、音楽の構造との関わりについて理解している。（鑑賞）	思① 旋律、音階、反復・変化を聴き取り、それらの働きが生み出すよさや面白さを感じ取りながら、聴き取ったことと感じ取ったこととの関わりについて考え、曲や演奏のよさなどを見いだし、曲全体を味わって聴いている。（鑑賞）	態① 「越天楽」や「今様」、黒田節の音楽の特徴などに興味・関心をもち、音楽活動を楽しみながら主体的・協働的に鑑賞や音楽づくりの学習活動に取り組もうとしている。
②知技 「今様」の特徴を理解するとともに、思いや意図に合った表現をするために必要な、今様の特徴（反復や変化など）を用いて、記譜をしながら音楽をつくる技能を身に付けて旋律をつくっている。（音楽づくり）	思② 旋律、音階、反復・変化を聴き取り、それらの働きが生み出すよさや面白さ、特徴を感じ取りながら、聴き取ったことと感じ取ったこととの関わりについて考え、旋律を工夫し、どのようにまとまりを意識した音楽をつくるかについて思いや意図をもっている。（音楽づくり）	

⑤ 題材の指導計画（総時数 6時間）

次	時	主な学習内容・活動	指導・支援上の留意点	評価の観点 知・技	思	態
1	1	◎雅楽「越天楽」に親しむ。 ○鑑賞活動（動画）を通して、雅楽の雰囲気を感じ取るとともに、感じ取ったことと音楽的な特徴との関わりについて理解する。	・雅楽の歴史的背景を説明するとともに、楽器の形状や音色及び、演奏している様子（楽器・衣装・舞台背景）や雰囲気を感じ取ることができるように動画を視聴する。 ・曲想及びその変化と音楽の構造（旋律の反復）との関わりについて視覚的に捉えることができるよう、図形楽譜等に示す。		①発言・記述	
2	2	◎今様の音楽に親しみ特徴を理解する。 ○「越天楽今様」の情景を思い浮べて歌いながら、越天楽今様の音楽の特徴を理解する。	・今様の特徴である音階や七五調について気付くことができるように、階名唱で歌ったり、気付いたことを楽譜に書き込んだりするようにする。			

次	時	学習活動	教師の意図・留意点	評価	評価	評価
		○「遊びをせんとや」「この頃都に流行るもの」を歌い、今様の音楽に親しみ、音楽の特徴への理解を深める。	・「越天楽今様」との共通点に気付くことができるよう歌詞や楽譜を提示する。 ・今様が当時庶民に親しまれ日常の身近な事柄が題材になっていることから、音楽づくりの可能性について見通しをもつようにする。	①知発言・記述		
		◎今様の音楽のよさや特徴を生かして、音楽づくりをする。 ○今様の音楽の特徴や現代の音楽との関連性から「北九州市制50周年」を記念し、北九州の特徴を題材とした今様の歌詞をつくる。 （総合的な学習の時間①）	・今様を集めた「梁塵秘抄」の「この頃都に流行るもの」をヒントにし、地元北九州市のよいところや流行っているものについて思い浮かべ、七五調で歌詞をつくるために例を提示する。			
3	4 （本時） 5	○「わたしたちの今様」のふしを二句までつくる。（本時4／6） ○フレーズのつなげ方や終わり方を工夫して三句と四句のふしをつくり、全体のまとまりを考えて音楽づくりを完成させる。 ○「北九州今様発表会」で、つくった作品を発表する。（総合的な学習の時間②）	・今様の音階を用いる、「越天楽今様」のA、A′という構造を生かす、という音楽づくりにおけるポイントを示す。 ・音楽づくりにおける工夫のポイントとして、速さやリズム（シラブル型）についての今様の特徴を示す。	②知技観察・発言・記述	②観察・発言・記述	
4	6	◎「黒田節」を鑑賞し、「越天楽今様」との関連性に気付くとともに、「黒田節」のよさを見いだして味わって聴く。	・「越天楽今様」と同様に九州に伝わったものが「筑前今様」と呼ばれ、後に「黒田節」となった歴史的背景について示す。 ・鑑賞の活動の中で、歌ったり楽譜を確認したりすることで共通点に気付き、よさを味わって聴くことができるようにする。	①発言・記述		①観察・発言・記述

6 ことばのふしをつくる場面【第4時 学習の様子】

（本時のねらい）今様の音階や形式を生かして旋律づくりをする活動を通して、今様の音楽の特徴を理解するとともに、今様の特徴を用い、思いや意図をもって「わたしたちの今様」（前半）をつくる。

授業の流れ	教師の意図と評価
1 「越天楽今様」を歌う。	○平安時代の様子や音楽を演奏する情景を想像しながら「越天楽今様」を歌い、前時までの学習を思い起こす。
2 本時のめあてを確かめる。	○雅楽や平安時代の調べ学習による掲示物によって雰囲気づくりをする。
── めあて ── 今様の特徴を生かして　ぼくたち、わたしたちの「北九州今様」をつくろう。	
3 「北九州今様」のふしづくりをする。 （1）越天楽今様をその時代の装束を着て歌っている映像を鑑賞し、今様の特徴を確認する。	○今様の特徴を生かした音楽づくりができるよう、当時の装束を着て「越天楽今様」を演奏している

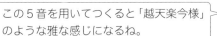
北九州は市制50周年だよ。今の北九州を今様で表現してみよう。

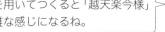
この5音を用いてつくると「越天楽今様」のような雅な感じになるね。

1拍で1文字に1音つければいいんだね。

（2）活動の見通しをもつ。

●活動の流れ
①歌い試しながらつくる。
②オルガンで音を確かめる。（黒鍵）
③歌ってつくったうたを自分たちのものにする。
④箏で伴奏をつける。
⑤記譜をする。

（3）グループで、今様のふしづくり（1、2段目まで）をする。

強調したいところは、音を高くしようかな。

今様は1段目と2段目の3、4小節目の旋律が同じだったよ。

＜ミュージックボードの例＞

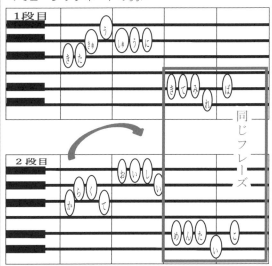

1段目

2段目

同じフレーズ

（3）中間発表をする。

自分たちはちょっと速かったね。テンポをゆっくりにすると、今様の感じになるね。

（4）友達の発表を聴いて、工夫してよかったところについて話し合い、続き（3、4段目）の旋律づくりの見通しをもつ。

場面を試聴する場を設定する。

★今様の特徴★
1　日本の音階…五音D、E、G、A、B
　　黒鍵使用（D♭、E♭、G♭、A♭、B♭）
2　七・五調…歌詞
3　1音に対し、1音符
4　3部形式 A、A'、B、C…反復・変化
　　（1、2段目の終わりの旋律が同じ）
5　速度…ゆっくりと

○地元を紹介する音楽をつくるというテーマから、「この頃都に流行るもの〜」（梁塵秘抄）の一段目を参考にする。
○旋律づくりの活動で音高を確かめるために、鍵盤楽器の黒鍵（5音）を使用するようにする。
○友達と音高を合わせて歌うために、伴奏楽器として箏を用いる。
（調弦…D♭、E♭、G♭、A♭、B♭）

○つくったふしを視覚的に表し、確かめることができるようにミュージックボードによって記譜をするようにする。
○歌い試しながら、ふしづくりをするように声かけをする。

【知・技】
　「今様」の特徴を理解するとともに、思いや意図に合った表現をするために必要な、今様の特徴（反復や変化など）を用いて、記譜をしながら音楽をつくる技能を身に付けて旋律をつくっている。
（観察、発言、記述）

○速度（★今様の特徴★5）を意識して表現しているグループによる中間発表の場を設け、全体に意識付ける。

○「今様の特徴」による工夫をしていることについて価値付けをする。

まとまりのある音楽にするために、今様の音楽の形式を生かそう。

○自分たちの作品と比較しながら他のグループの発表を聴き、自分たちの音楽づくりに生かすことができるよう意識づけをする。

4　学習を振り返る。

今度は、3、4段目なので、少し盛り上がるところをつくりたいな。

○本時の学習を振り返り、3句、4句のふしづくりに取り組むことを確認し意欲を高める。

[7] 実践を振り返って

○音・音楽による伝え合いの工夫

　音楽科の協働的な学習では、音や音楽、言葉による伝え合いが大切です。また、それを実現するには、音を視覚的に表した記譜が必要になってきます。音楽づくりの活動において、五線譜が苦手でも、容易に音楽を記録できる方法はないかと考えました。そこで、本題材で用いたのがミュージックボードです。初めは図1のように音の高低が分かればよいと考え、図形楽譜で表記していました。ところが、次時につくったふしを歌おうとしたときに、正確な音程が分からなくなってしまい再現できなくなりました。そこで、つくったふしを正確にしかも簡単に表記するために、図2のような自作の「ミュージックボード」を用いることにしました。

図1：つくった旋律を図形楽譜で表記したもの　　図2：5音階（D♭、E♭、G♭、A♭、B♭）を用いたミュージックボード

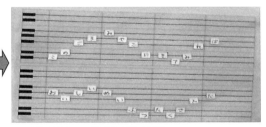

音の高さが分からなくなったよ。　　これなら再生可能だね。

　「ミュージックボード」とは、オルガンの鍵盤を横にしてのばしたものを五線譜に見立てたものです。歌詞の文字を音符にして、鍵盤の音の高さのところに貼っていけば楽譜ができます。この「ミュージックボード」を用いることによって、思うように音楽づくりをし、再生することができるようになりました。特に「今様」は、5音階のシラブルで構成されていることから、黒

〈児童がミュージックボードを活用する様子〉

鍵（D♭、E♭、G♭、A♭、B♭）のところに、歌詞の一文字を貼っていけばよいので、記譜も簡単です。歌詞を書いたマグネットを動かすだけで記譜ができるので、楽譜に対して苦手意識をもつ児童でも、容易に表現することができました。

　このような手立てを工夫することによって、グループで旋律づくりをする際、歌いながら「♪♪♪な感じでどうかな？」「もっと〜のところは、♪♪♪っていうふうに音を上げると強調できるんじゃないかな？」と、音や音楽で思いや意図を伝え合う協働での学びが活発になりました。この「ミュージックボード」は、我が国の音楽の他のジャンルの学習にも活用できるものです。第4学年の題材「生活のうたを楽しもう」においても活用されています（43頁参照）。

○広げる・深める我が国の音楽の学習　（雅楽→今様→民謡）

　「越天楽今様」をもとにした音楽づくりの学習の後、「黒田節」を鑑賞しました。「黒田節」は「筑前今様」ともいわれ、福岡の郷土の民謡でもあります。

　「越天楽」から「越天楽今様」へ、そして「黒田節」へと移り変わっていったことは、児童にとって大きな驚きと発見でした。学習を深めるごとに、用いられている旋律等の共通点に気付き、児童にとって、雅楽「越天楽」や「越天楽今様」も親しみのある音楽の一つとなっていきました。

〈「越天楽今様」と「黒田節」の比較鑑賞における児童の気付き〉

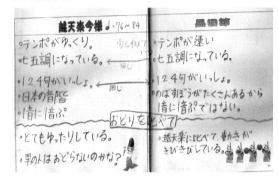

○児童の作品紹介

児童の作品
「北九州に来てみれば」

Aグループ
題名　「一度はおいでよ北九州」
北九州に　来てみれば
からくて　おいしい　明太子
さばのぬかだき　めいぶつだ
一度はおいでよ　北九州

Bグループ
題名　「見るとこいっぱい北九州」
北九州に　来てみれば
平尾台には　ひつじいわ
皿倉山に　のぼったら
お金じゃかえない　景色あり

第6学年 題材

歌舞Kid's
～歌舞伎のせりふは音楽だ～

1 題材の目標

○「勧進帳」の曲想及びその変化と音楽の構造などとの関わり、歌舞伎のせりふの抑揚や速度、強弱、間の変化などの音楽の特徴について理解し、思いや意図に合った表現をするために必要な、音楽の仕組みを用いて、音楽をつくる技能を身に付ける。

○旋律（台詞の抑揚）、強弱、速度、間、反復、変化を聴き取り、それらの働きが生み出す歌舞伎の言葉の抑揚のよさや面白さを感じ取りながら、聴き取ったことと感じ取ったこととの関わりについて考え、表現のよさなどを見いだし味わって聴いたり、ふしを工夫し、どのように全体のまとまりを意識した音楽をつくるかについて思いや意図をもったりする。

○歌舞伎のせりふのふしを味わって聴いたりつくったりすることに興味・関心をもち、音楽活動を楽しみながら主体的・協働的に鑑賞や音楽づくりの学習活動に取り組み、歌舞伎の音楽に親しむ。

2 歌舞伎「勧進帳」の教材性

「歌舞伎」は、舞台の情景や衣装等を「見せる演劇」であると同時に、「聴かせる演劇」とも言われています。歌舞伎の音楽といえば、長唄や黒御簾音楽を思い浮かべますが、本題材では、台詞も言葉の抑揚やアクセントによる音楽表現であると捉えました。歌舞伎の台詞の言い回しには、独特の発声や言葉の抑揚があります。児童もそこに歌舞伎の特徴や面白さを感じたようです。そこで、歌舞伎の台詞に着目し、まねして表現したり自分たちでつくった台詞を歌舞伎風に抑揚をつけたり（音楽づくり）することで、多様な音楽表現を楽しむことにしました。本題材では、「勧進帳」の富樫と弁慶の台詞がかけ合いになっている場面を教材として取り上げています。台詞のリズム、強弱、速度、旋律（音高の変化）によって、弁慶と富樫の緊迫したやり取りが表現されています。このような音楽の要素と曲想ともいうべき台詞に込められた登場人物の心情との関わりについて理解しながら、思いや意図をもって豊かに表現するという活動を試みることにしました。更に、台詞の言葉の抑揚に歌舞伎の所作による体の動きも合わせて表現することにより、実感を伴って歌舞伎の台詞が生み出す音楽の特徴を理解し、楽しみながら音楽をつくる活動に取り組むことができると考えられます。

〈本実践で活用した具体的な教材〉

○DVD 　　　・NHKからだであそぼ「歌舞伎たいそう」「なりきりわざくらべ」（市川染五郎）

○掲示物 　　・「勧進帳」の内容の解説、打擲の場面の台詞、歌舞伎の説明（歴史的背景）

③ 本題材で扱う学習指導要領の内容

A　表現（3）音楽づくり　ア（イ）、イ（イ）、ウ（イ）

B　鑑賞　ア・イ　〔共通事項〕（1）ア

〈本題材における思考・判断のよりどころとなる主な「音楽を形づくっている要素」〉

「旋律」、「強弱」、「速度」、「拍（間）」、「反復」、「変化」

④ 題材の評価規準

知識・技能	思考・判断・表現	主体的に学習に取り組む態度
①知　歌舞伎の台詞の抑揚や強弱、速度、間の変化などの音楽の特徴について、それらが生み出すよさや面白さなどと関わらせて理解している。（鑑賞・音楽づくり）	思①　旋律（台詞の抑揚）、強弱、速度、間、反復、変化を聴き取り、それらの働きが生み出す歌舞伎の言葉の抑揚のよさや面白さを感じ取りながら、聴き取ったことと感じ取ったこととの関わりについて考え、歌舞伎の「打擲」の場面のよさを見いだし味わって聴いている。（鑑賞）	態①　歌舞伎の音楽の特徴や、特徴を生かしてつくることに興味・関心をもち、音楽活動を楽しみながら主体的・協働的に鑑賞や音楽づくりの学習活動に取り組もうとしている。
②技　思いや意図に合った表現をするために必要な、音楽の仕組みを用いて、音楽をつくる技能を身に付けてつくっている。（音楽づくり）	思②　旋律（台詞の抑揚）、強弱、速度、間、変化を聴き取り、それらの働きが生み出す言葉の抑揚のよさや面白さを感じ取りながら、聴き取ったことと感じ取ったこととの関わりについて考え、ふしを工夫し、どのように全体のまとまりを意識した音楽をつくるかについて思いや意図をもっている。（音楽づくり）	

⑤ 題材の指導計画（総時数　5時間）

次	時	主な学習内容・活動	指導・支援上の留意点、評価	評価の観点 知・技	思	態
1	1	◎「勧進帳」の「打擲」の場面を鑑賞し、歌舞伎の音楽の特徴やよさを理解する。	・「勧進帳」の台詞のふしまわしの声、お囃子の音色や旋律などを鑑賞のポイントに置き、学習の見通しをもつことができるようにする。 ・歌舞伎を構成する音楽・衣装・道具等や物語の内容についての解説付きのDVDも併せて視聴するようにし、総合芸術としての歌舞伎の特徴を理解できるようにする。	①知 発言・記述	①発言・記述	
		◎「勧進帳」の「打擲」場面の台詞のかけ合いや所作殺陣を表現し、歌舞伎に親しむ。	・台詞や現代語訳したものを掲示し、共通理解を図る。 ・歌舞伎の特徴的な台詞の節回しを学び、気付いたことについて、台詞に書き込み			

		授業の流れ	教師の意図と評価			
2	2		・を入れ、ワークシートを用意し、意見交換する場の設定をする。 ・所作殺陣の場面では、その部分のみの演奏を流し、雰囲気を味わいながら表現できるようにする。			
3	3	◎「昔話歌舞伎」をつくる。 ○「勧進帳」（打擲の場面）をアレンジし、「桃太郎」の話の台詞をふしに合わせて表現する。	・ストーリーが短く展開し、発想しやすいことから、昔話を題材とする。例として「桃太郎」を挙げ、昔話歌舞伎のイメージがもてるようにする。 ・「勧進帳」（打擲の場面）のせりふの特徴として、反復・変化等が含まれていたことを想起するようにする。 ・所作殺陣の場面では、BGMとなる三味線、太鼓、小鼓等の楽器のそれぞれの楽器の演奏を口唱歌で表現できるようにする。			
		○「昔話歌舞伎」のシナリオを作成する。（総合的な学習の時間①）	・台詞を考えるときには、実際に表現しながらつくるように助言する。			
	4 （本時）	○「昔話歌舞伎」の台詞にふしをつける。（本時4／5）	・昔話（一寸法師、うさぎとかめ、さるかに合戦等）をもとに、かけ合いの場面を想定した台詞に打擲の場面のようなふしをつけて表現するようにする。 ・表現の工夫のポイントとして、旋律（せりふの言葉の抑揚）、速さ、間、強弱の変化や、発声の方法等を提示する。 ・言葉の抑揚に着目し、グループで共通理解ができるよう記譜の仕方を示す。（文字の大きさや長さを変化させ、記号を書き入れることで、言葉の抑揚やリズム、アクセント、間等を示す。）	①知 発言・記述	②観察・発言・記述	①観察（表情・行動）発言・記述
	5	○ミニ歌舞伎発表会をする。	・ツケや所作殺陣の口唱歌、動作等も入れて表現するようにする。 ・互いの歌舞伎のよさを工夫の観点に沿って認め合うようにする。歌舞伎の舞台を想定した場づくりを行い、発表会に臨む気持ちを高めるようにする。	②技 観察・発言・記述		

6 「昔話歌舞伎」の台詞にふしをつける場面【第4時 学習の様子】

〈本時のねらい〉

　旋律、速度、間、強弱の変化等を用いて台詞の表現を工夫をする活動を通して、よさや面白さと関わらせて歌舞伎の台詞の特徴を理解し、思いや意図をもって音楽づくりをする。

授業の流れ	教師の意図と評価
1　「勧進帳」の打擲（ちょうちゃく）の場面のかけ合いを表現する。	○「勧進帳」の「打擲」の場面を表現することによって、前時までの学習を思い起こし、学習の雰囲気

	づくりをする。
2　本時のめあてを確かめる。	○歌舞伎に関する掲示物によって、雰囲気づくりをする。

```
── めあて ──
わたしたちの「歌舞伎風昔話」をつくろう。
```

3　「昔話歌舞伎」のふしづくりをする。
（1）歌舞伎の台詞の特徴について確認をし、活動の見通しをもつ。

 弁慶と富樫が戦う前に問答があったね。

 話言葉と比べると、台詞の言葉は抑揚があり、音楽みたいな感じがしたよね。

 声の出し方も、特徴的だね。

```
＜活動の流れ＞
①登場人物の台詞の旋律づくりをする。
②何度も試して練り合う。
③楽譜に表す。
④お囃子を入れて全体を表す。
```

○歌舞伎の台詞の特徴を生かしたふしづくりができるよう「勧進帳」の「打擲」のかけ合いの場面の音楽の要素と台詞の抑揚との関わりについて学習したことを思い起こす。

台詞の特徴	効果	音楽の要素	工夫のポイント
抑揚がある →	音楽	旋律	① せりふに旋律・リズムをつけて歌舞伎風にする。
めりはり →	アクセント	音色	② 響きのある声で表現する。
声の出し方 →	響きがある	強弱	③ 強弱・速さ・くり返しで思いを表現する。
くり返し →	強調	速さ	（③のみ後で確認する）

○活動の流れを確認する。

（2）グループで、台詞のふしづくりをする。
＜「歌舞伎風桃太郎」の例＞

○試しながら、ふしづくりをするように声かけをする。

桃：どうだ、まいったか。
ゆるしてくだされ。

鬼：まいった。
（バッタリ）

（戦う場面）
他の児童により、
三味線と鼓によるお囃子の演奏を
口唱歌で表現する。

鬼・桃：さあさあさあさあさあ

桃…さあ
鬼…さあ
桃…さあ
鬼…さあ
桃…さあ

桃…いや、桃太郎がせいばいして
くれるぅ

鬼…やられてなるものか。

桃…村人のかわりに百倍がえしだ。

鬼…何をこしゃくな桃太郎め

（かけ合い）
桃…やい、鬼ども、これまでの悪事、
謝罪をいたせ。

 うさぎとカメが勝負する前の場面の台詞を歌舞伎風で表現しよう。

```
＜昔話の例＞
・うさぎとカメ　・かちかち山　・巌流島の戦い
・さるかに合戦　・牛若丸　　　・一寸法師
```

くり返して言っているところの速さを変えると、切羽詰まった感じが表せそうだよ。

 「さあさあ」のところは、だんだん速くすると緊張感が出るね。

【知】歌舞伎の台詞（せりふ）の抑揚や強弱、速度、間の変化などの音楽の特徴について、それらが生み出すよさや面白さなどと関わらせて理解している。（発言・記述）

<台詞の図形楽譜の例>（カチカチ山）

○つくったふしを視覚的に表すために、台詞に工夫点を書き込み、記録するようにする。
○強弱は文字の大きさ、音が高くなるところは、右側に表記するようにする。

（3）中間発表をし、友達の表現のよいところを学ぶ。

 速さや強弱の変化をつける工夫をすると、場面の様子が伝わってきて歌舞伎らしさが増すね。

○強弱・速さ・くり返しを用いて表したい表現を工夫しているグループの中間発表の場を設け、③の工夫のポイント（59頁参照）として提示する。

（4）（3）の学習を生かして表現を高める。

 友達のよかったところを取り入れ、自分たちの作品を仕上げよう。

○どの工夫のポイントを取り入れるとよいか練り合う場を設定し、最後まで仕上げるよう助言する。

3　発表をし、工夫してよかったところについて話し合う。

 臨場感を表すために、速度を変化させていた。

 間や強弱を入れることによって登場人物の気持ちを表していた。

○発表を聴く際、どの工夫のポイントを生かして場面の様子が表現されているかという観点を示す。
【思】旋律（台詞の抑揚）、強弱、速度、間、反復、変化を聴き取り、それらの働きが生み出す言葉の抑揚のよさや面白さを感じ取りながら、聴き取ったことと感じ取ったこととの関わりについて考え、ふしを工夫し、どのように全体のまとまりを意識した音楽をつくるかについて思いや意図をもっている。（発言、記述）

4　学習を振り返る。

 台詞や動きの一つ一つに思いを入れてつくることができたのでよかった。

○音楽づくりや活動を通して学んだ、歌舞伎の台詞による表現のよさや面白さについて、本時の学習の振り返りをする。

7　実践を振り返って

○鑑賞と表現の一体化による実感を伴う理解

歌舞伎を題材とするにあたって、児童にとって身近に感じ、楽しみながら歌舞伎に親しむことができればと考えました。歌舞伎には、言葉の抑揚や声の出し方等、独特の特徴や面白さがあります。そこで、本題材では、まず鑑賞の活動により、歌舞伎の台詞の音楽的な要素に着目するようにしました。その後、実際にまねをしたり、自分たちのアレンジを加えたりすることによって実感を伴った理解を柱とした実践に取り組みました。

〈歌舞伎（「勧進帳」）を鑑賞し、気付いたことを話し合う〉

高学年になると、表現することを恥ずかしがる傾向も見られますが、「かっこいい」と思うものに対しては積極的に取り組みます。歌舞伎の所作には、児童が「かっこいい」と感じる場面が数々あります。体の動きを伴って表現することで、声の出し方、抑揚まで更に歌舞伎らしさを表現することができました。

〈歌舞伎の台詞に動作をつけて表現している児童〉

○児童の感想

　このような学習活動を通して歌舞伎を身近なものとして捉え、歌舞伎のプロの芸の素晴らしさや、これまで受け継がれてきた伝統の重みを知ることができたようです。そのことは、日本の伝統芸能を誇りとする気持ちや存続への願いにつながっていきました。

〈歌舞伎の学習からの児童の感想〉

最初、見た時は、「この人たち何を言ってるんだろう」と思いました。でも、歌舞伎に親しむにつれて、おもしろさ、言葉の意味などが分かっていきました。打擲の場面の所で、弁けいと富がしが早口で間をつめて、言い合いをしている所が一番印象的れた。これからも、古くから伝わる伝統芸能が生き続いてほしいです。

○言葉の抑揚の記譜表現について

　本題材においては、言葉の抑揚を音楽と捉え、強弱や音高、速度、音の長さ等が変化することを、工夫のポイントにして学習を進めてきました。言葉の抑揚の記譜表現の仕方について、共通理解を図るために、言葉の抑揚の規則性を可視化し、下記のように記譜をすることにしました。

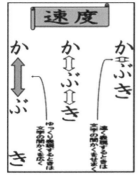
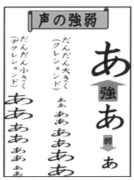

　五線譜では表記しにくい言葉の抑揚を、上記の楽譜では、強弱は文字の大きさ、音高は左右、速度は文字間隔、音の長さは、文字間の記号書き入れることによって表記しました。これによって、音高についても微妙な変化を書き表すことが可能となり、児童の豊かな考えを記録に残すことができました。ふしづくりの活動では、声に出して表現を試しながら表記し、グループで協働して生き生きと作品をつくっている児童の姿がみられました。

第Ⅲ部

「我が国の音楽」の魅力を
伝えるために

人にやさしい日本の音楽

〈インタビューにあたって〉

　新教育課程の基本理念は「社会に開かれた教育課程」、学校と地域社会とが協働して子供たちを育てていくことの重要性が強調されています。日明小学校では、いち早く地域の指導者の方々に、ゲストティーチャーとして授業に参画いただくなど、地域人材の活用面で大きな教育的な効果をあげてきました。その代表的な支援者の一人が春日壽齋（かすが・じゅさい）先生です。

　春日壽齋先生は、春日流家元として、日本舞踊の世界で全国的に活躍されるとともに、全国の学校で踊られる「南中ソーラン」[※1]の振付師としても知られています。我が国の伝統文化及び学校教育に造詣が深いことから、北九州市の表現教育アドバイザーの委託を受け、本校をはじめ、北九州市の学校の伝統文化教育の充実のために力を尽くされています。

　春日先生の我が国の伝統文化に関する深い見識と、見識に支えられた我が国の音楽を含めた伝統文化教育への提言は、これからの学校教育をさらに充実するための貴重な示唆を与えてくれます。

（インタビュアー：倉本京子・北九州市立小森江西小学校長）

二世宗家 **春日壽齋**（かすが・じゅさい）

日本舞踊春日流初代宗家家元春日壽の長女として生まれ、3歳より芸道を歩む。昭和63年、日本舞踊協会新人コンクールでは「楠公」で新人奨励賞を受賞。海外では、シンガポール・ハワイ公演、カナダへの文化使節団として日本を紹介し、また各賞も数多く受賞。テレビ東京主催の「日本民謡民舞大賞」では、総理大臣賞・文部大臣賞・最優秀技能賞を2年連続で受賞。平成9年には、NHKの「うたに振付を」に出演。日本一荒れたと言われた稚内南中学校に振り付けた「ソーラン節」が審査員奨励賞・総理大臣賞を受賞。二世壽齋（当時 二世壽升）が実在の人物として映画化された「学び座」が全国で大反響となり、完成披露試写会では天皇皇后両陛下をお迎えし、振付のエピソードなどをお話される。平成29年、二世春日壽升改め二世宗家春日壽齋を襲名し、現在は宗家として、日本舞踊では伝統の中にも新しいものを取り入れ、美の追求と共に豊かな人間性づくりに主眼を置き、民族舞踊では自由な表現の中で一人でも多くの人が楽しめる舞踊を目指している。

※1　「南中ソーラン」：北海道稚内市立稚内南中学校で生まれた、アップテンポにアレンジされたソーラン節に合わせて踊る踊り。1992（平成4）年、春日壽齋（当時 壽升）は再構成した振付を指導した。
　「ソーランへの想い」http://kasuga-jp.org/so-ran1.htm

◆日本舞踊家として

倉本：春日先生は舞踊のご家庭にお生まれになり、家業を継がれたと伺っております。日本舞踊家になろうと決意された経緯をお話いただけますか。

春日：そうですね。生まれた家が日本舞踊の家ですから、生まれたときから違和感なく、生活の一部として日本舞踊がございました。若い頃、初代が「見聞を広めよ」ということで、私を外国や日本の各地に行かせ、地元のことを調べて表現をするように言われました。それを実行する中で、その時の思いによって表現が違うことが面白く、日本舞踊家になろうという気持ちが強くなってきました。よく「踊りは生物（なまもの）ですよ」と言います。同じ外題（げだい）※2 を踊っているのに、環境が違ったり地域が違ったりしてその時の自分の心情が違うと、表現が違いますよね。そのことにとても興味を覚えて、心の表現を、体を使ってできるのが舞踊ならば一生の仕事にと思い、家を継ぐことを決心しました。

倉本：舞踊とは、とても奥が深いものなのですね。春日先生は、小さい頃から、日本舞踊のお稽古をされてきたと思いますが、つらくはなかったですか。

春日：それは、全くありませんでした。家でずっと音は鳴っていますし、お三味線のお稽古、鼓のお稽古をするのは日常という感覚の中におりました。ですから逆に言うと、西洋のものにはとても憧れて、特にバレエなどは自分から進んで見に行くようにしておりました。

倉本：日本のものを学ぶことで、西洋のものにも憧れが生まれたのですね。

◆北九州市表現教育アドバイザーとして

倉本：先生は北九州市の表現教育アドバイザーを16年間されて、北九州市の芸術教育に貢献してくださっています。アドバイザーをはじめられたきっかけは何だったのでしょうか。

春日：以前、私は北海道の稚内南中学にソーランを教えに行っておりました。それがちょっとブームになったこともあり、北九州市から、学校教育の表現活動について何か手助けをしていただけないかという話がありました。ちょうど私も舞踊家として、表現活動を通して子供たちのためにできることがあるのではないかと思っておりましたので、表現教育アドバイザーの職を受けさせていただきました。

倉本：表現教育アドバイザーとして、具体的にどのような活動をされてきたのでしょうか。

春日：はじめは、和の文化についての私の所見を文書でお伝えしておりましたが、文書だけでは実感をもてないと思い、5年前より、小・中・特別支援学校等の先生方を対象に、和の文化を体験していただく「和塾」という講座を行っています。この講座には、浴衣を着て参加していただき、着物や舞台衣装、和楽器などの実物に触れ、日本舞踊や、歌舞伎のせりふなど、様々な日本の伝統文化を体験していただいています。先生方は、毎回楽しく様々な和の文化を体験されています。回を重ねるごとに、浴衣での立ち振る舞いや、和のものや音楽への関心も高まっているようです。

※2 「外題」：歌舞伎や日本舞踊などの題名

◆日本の伝統文化の魅力 ―和の心―

倉本：素晴らしい講座ですね。日本の伝統文化は新学習指導要領でも大事にされていますが、私たち教師にとっては、なじみが薄く分からないことが多々あります。日本の伝統文化をどのように捉えて指導していったらよいのでしょうか。

春日：外国に行くと、「日本の文化ってすごい」と思うことがたくさんあります。2020年にオリンピックが開催されることで日本の文化も注目されていますから、日本の文化に目を向ける多くの機会に恵まれます。そうしますと、身近に感じられることが多くなるわけです。日本の文化圏では「和の心」を大事にしています。西洋の文化圏では、自分の主張が強い方が多いのに対して、日本の文化圏では人を思いやることが大切にされています。ですから外国に行っても、相手とのコミュニケーションがうまくいくことが多いのです。その時に、はじめて自分の国の文化って素敵だなと気付くのでしょうね。もっと自分の国の文化に誇りと自信をもっていただきたいですね。

◆人にやさしい日本の音楽

倉本：今、「人を思いやる」というお話がありましたが、先生は日本の音楽を「人にやさしい日本の音楽」と言われています。これはどういうことでしょうか。

春日：例えば、西洋音楽の場合は音符を正しく弾くこと、きれいに弾くことが重視されると思います。一方、和の音楽、特に舞踊に関しては、踊る人間がどのような思いでこの場面を表現したいのか。例えば「ここはもう少し元気に踊りたい」など、踊り手の意思を地方※3の方が感じてくださって、そのように演奏してくださるという互いの思いやりがあります。また、地方がもう少し演者を気持ちよく演じさせたいと思う心になったときには、地方が演者を伴奏にのせ、それに鳴り物などが応援するなど、総合的に一つのものを見て、皆さんが思いをかけてくれるのが日本の「和の音楽」なのです。日本の古典音楽が今まで五線譜にならず、口伝を基本に伝えてきたのも、そのような気持ちの流れの、名残のためかもしれません。基本の芯はそのままに、「ここで寄ってあげて、こういう音にしてあげよう」、「ここをゆっくりしてあげよう」など、思いに沿って演奏してくださるので、日本の音楽は、本当に人にやさしい音楽だと思っています。

倉本：その辺りは、西洋の音楽しか知らない私たちが、先生に教えていただくまで分からなかった日本の音楽のよさでした。現在では、歌舞伎なども注目されていますが、日本の音楽についての現状と、それを広めていくに当たって先生が考えておられることを教えてください。

春日：和の音楽が、十分に紹介されていないというのが現状ですね。子供たちにとっては知らない世界ですから、知らせる責任が大人にはあると思うのです。そうでないと、日本人であるのに日本の素敵な音楽に巡り合えません。巡り合えば、子供たちは「ああ素敵だ」と

※3 「地方」：歌舞伎や日本舞踊の伴奏の音楽を受け持つ人。立方（踊り手）に対し、唄、浄瑠璃、三味線、囃子、箏などの演奏はすべて地方と呼ばれる。

いう気持ちを抱き、日本の音楽のよさを意識し、自分の表現も深まると思いますので、そういう機会をたくさんつくっていただくことが大事なのではないかと思いますね。

　例えば、日本には四季があり豊かな自然もあります。そこから感じられる音があります。自然が分からないと音も分かりません。例えば、梅雨の時期の雨と冬の雨では違うはずですから、そこに音の変化が当然あってしかるべきですね。お祭りの太鼓の音にしても、遠くから風にのって聞こえる太鼓の音と、近くで直に聴く太鼓の音では違いが出ますね。このように、自然現象の中で聞こえる音の違いを感じ取る感覚、情感を自分の中で大事にもつこと。そうでないと、いろんな思いを表現しにくいと言われてきました。

　また、日本の音楽は「癒しの音楽」が多いとも感じます。例えば子もりうたです。西洋の子もりうたはとても美しく流れます。けれども、日本の子もりうたは、親が子供を寝かせるために歌うと、そこに親の声の質、親の呼吸による速度の変化、夜中だったら小さな声で歌ったり、お昼間だったらとてもいとおしい声で大きい声で歌ってあげたりなど、いろんな含みがあります。このようなことが和の音楽のよさでもあり、こういうところに気付いてもらえる機会があるといいなと思いますね。

倉本：そうですね。お話を聴きながら、日本の音楽は、人々の生活や文化と関わって意味あるものとして伝えられてきたように思いました。

　ところで、最近若い人たちの間で流行っている音楽は、激しいリズムのものが多いですが、今の若い人は日本の音楽を受け入れることができるのでしょうか。

春日：今の若い人たちは、リズム感のあるものを好んでいるようですが、あの子たちが悲しいときもその音楽を聴いているでしょうか。ですから、やはり、ときと場合によって求めるものがあると思います。

　西洋の音楽というのは、とても美しい声や音を大事にしていると聞いています。それに対し日本の音楽は、様々な音を大切にします。例えば、物をこする音とか、鳥が鳴く音などいろんな音があります。演奏法ではバチ音などもあります。お能でいうと「**残声**」[4]がありますね。それから三味線でいうと「**さわり**」[5]、尺八では声を絞ったような音「**ムラ息**」[6]がありますよね。これらも一つの音として日本の音楽では大切にされています。これが駄目とか、これがおかしいとかではなく、表現の幅がとても広いですよね。このような邦楽の面白さに気付く機会があれば、受け入れることができると思います。

◆日本の音楽の指導において大事なこと

倉本：学校教育の中で、日本の音楽をどのように教えていくことが大事なのでしょうか。

春日：まずは子供たちが、生活の中の音に興味をもつことが入口です。例えば、竹下駄みたいなものを履かせてその音を楽しむ、音を言葉にする、今度は逆に言葉を言って音を付けてみる、それから言語や音に色を付けてみる、色ができたらその色を具象化し絵を描いてみ

※4　「残声」：消え残っている声や音。
※5　「さわり」：三味線の音響装置。特殊な音を出す三味線の一弦の仕掛け。複雑なうなり音を生じる。
※6　「ムラ息」：唇や口腔の形と息づかいによって、かすれた迫力の音を出す奏法。

る。というように、次々に発展させていくことが、とても大事なことだと思いますね。

　音の文化というのは、多様な文化につながります。例えば同じ音を表現するのでも、風が吹いている、雪が降っている、雨が降っている、となると、それぞれの場面の音の響きが違うわけです。微妙なところを感じることのできる、音に対する感性を子供たちが磨くことによって、表現するときにもっといろんな言葉を見付けようと自分で探るでしょうし、感覚的なものをもって表現する枠が広がると思いますね。

倉本：言葉と言えば、授業実践に掲載されている「うりごえ」「わらべうた」「民謡」などは、和の言葉が浸透していくような教材ですね。

春日：そうですね。オノマトペのように、同じ言葉を２回繰り返すことによって強調するということもあります。例えば、「痛い」という言葉でも、「痛い痛い」「痛い！」「痛ーい……」では違いますよね。音の違いによって表現の幅が変わります。ですから、自分の思いをもって表現をしないと言霊が伝わらないと思います。

　よく「形の中に心ができる」と言われますが、あるフランスの方は、心というのは自分だけのものだとおっしゃっていました。けれども日本人は自分だけではなく、他の人の心も絆として合わせていくのが心だという感覚があります。ですから、伝統文化の体験をする時に、最初に皆さんでお辞儀をしたり、終わったときにありがとうと言ったりすることで、気持ちが言葉に移っていく。言葉が表現に移っていく。それが自分の立ち居振る舞いになる。そして、言葉の音が変化する。というようなことがあると思いますね。

　そうすると、子供たちが、今まで感じなかった風を涼しいと感じたときに、「ああ、秋の季節だね」と感じる子もいるし、「この風はどこから来ているかな」と社会的なことを感じる子もいる。風から子供たちが感じ取る広がりは、無限大になると思います。

　そういう気付きを、特に低学年の子供には、学校の中で体験させることが大事だと思います。体験を通して勘を鋭く磨くことで、集中力、耐久力、持続力、目標に向かって努力する力、文化の世界を学ぶ力が身に付きます。そういうことに巡り合わず、与えてもらうだけだと子供たちの力は広がらないのです。一つのことから広がりをもたせ、そこから更に少し脇を開け、もっと広がるようにすることで、子供たちは、和の文化や音楽に対して面白いという気持ちをもつようになるのではないでしょうか。

◆和の文化の理解に向けて大切なこと

倉本： ありがとうございます。日本の伝統文化を子供たちに教えるためには、まず、教える立場にある教師が、和の文化のよさを実感しながら理解することが大切だと思うのですが。

春日： そうですね。そのために大切なのは、身近なものをあげると、まず、地域の行事に目を向けることでしょう。例えば「なぜ七夕では願いごとするのだろう」、「なぜ盆踊りのときに盆送りがあるのだろう」など、地域の行事の特色に興味をもち、体験したり考えたりするとよいと思います。また、夏に出かけるときに、着物や浴衣を着てみると、日本のよさを感じることができます。お祭りで金魚すくいをするときに、「お袖はどうしたらいいのだろう」、「座る時はどうすればいいのだろう」と感じること。それから、浴衣を着れば下駄を履きますから、「下駄でどうやってバランスを取るのか」となると、体幹トレーニングですね。そうすると、今度は着物を着て相手とすれ違う。そのときに、「お袖が相手にぶつからないようにしよう」と思いながら歩く。これは「粋（いき）」と言います。肩をちょっとはすにして当たらないように動くなど、美しい所作事が、実は相手を思いやってできていることに気付くのではないでしょうか。

　あまり難しく考えず、日常の中にあるものに参加するといいと思います。福岡には博多座ができて、歌舞伎などの催しがありますので、それを見ることも素敵なことだと思いますね。

倉本： 以前、和塾で先生に教えていただいた、季節の行事などにも意識を向けることも大事ですね。

春日： そうですね。例えば9月のお月見では、「月の形に何を思うか」、「何を飾るか」、「なぜこんな風に飾るのか」のように、次々と探求することが出てきます。その探求から、「日本はすてきだね」と思うことができます。また、金沢の月見の宴では、襖（ふすま）や几帳（きちょう）の後ろで影笛を楽しみます。八月になると、蓮酒（はす）と言って、蓮の上にお酒を入れて飲む遊覧船が出るなど、日本独特の風情がありますし、一月七日「七草粥（ななくさがゆ）」、二月三日「節分」、三月三日「桃の節句」、五月五日「端午の節句」、九月九日「重陽の節句（ちょうよう）」や十五夜など、季節折々の行事を自分の中で意識できるようにすることも大事です。

倉本： このようなことを体験しておくと、外国の方に日本の文化について説明することもできますね。

春日： そうですね。自然現象ってどこでもありますから……。例えば、「雪」だけでも、「なごり雪」、「春の雪」のように、心情を表す言葉がたくさんあります。「心」も、「心掛け」とか「心配り」など、思いの言葉がたくさんありますね。英語圏でもそういう言葉はあるようですが、数が少なく、それに対し日本の言葉は、表現の枠が広く感じます。ですから、体験・体感をし、思いをもって説明して頂くことが大切だと思います。

倉本： 先生の様々なお話から、日本の伝統文化を大事にしていくことがとても重要だと実感いたしました。本日は、本当にありがとうございました。

授業づくりに役立つ ワクワク情報

　ここでは、我が国の音楽の学習に役立つ、珠玉の情報をお伝えいたします。

　すぐに授業で活用できる映像資料（DVD）や音源、子供向けの書籍、学習の理論や実践のアイディアを紹介した書籍、「我が国の音楽」の理解を深める書籍、指導事例集などです。

わらべうた、遊びうた

〈映像資料：DVD〉

・椿野伸仁（2006）「わらべうたであ・そ・ぼ」兵庫稲美少年少女合唱団

問い合わせ先：MAIL：nobuhitotsubakino@gmail.com

　「わらべうたであ・そ・ぼ」は、全国各地のわらべうたを子供たちが遊びながら歌っている場面が収録されています。リズムにのって楽しく遊んでいる様子は、思わず一緒になって歌ってまねしたくなる内容になっています。各地のわらべうたと、自分たちの地域のわらべうたとを比較したり、まねして遊んでみたりしても面白いと思います。そこからオリジナルのものが生まれ、音楽づくりにもつながっていきます。

おすすめわらべうた：6. なかなかほい /14. いちにのさん / 16. 十五夜さんのもちつき / 18. なべなべそこぬけ（全国版）/20. あんたがたどこさ

民　謡

〈書籍・映像資料付〉

・財団法人日本民謡協会（2011）『民謡指導マニュアル』日本民謡協会

　日本の各地に伝わる音楽である民謡は、共通する視点から分析している資料の入手が困難なジャンルです。また、民謡を歌うにはどのような点に留意し、発声はどのようにすればよいのか具体的に示されたものは多くありません。本書は、DVDや子供の様子の画像も交えて、民謡の歌い方や声の出し方について分かりやすく示されています。

狂　言

〈映像資料：DVD〉

・NHK エデュケーショナル（2004）『にほんごであそぼ　萬斎まんさい』NHK エンタープライズ

　DVD「にほんごであそぼ」には、野村萬斎さんの優れた演技力により狂言の魅力が満載されています。「狂言」が難しいものではなく身近で面白いものであること、そしてその特徴やよさを実感できるものとなっています。狂言は1曲が20分〜30分の作品ですが、その中でも特徴のある場面を取り上げ、せりふや謡の音の響きやリズムが面白い部分が抽出され、それぞれの曲のエッセンスが4〜5分でまとめられています。そのため、鑑賞の活動で繰り返し活用することができます。

〈子供向け書籍〉

・もとしたいづみ（2007）『じどうほうがく　狂言えほん』講談社

　「じどうほうがく」は、子供が狂言に親しみをもつことができる絵本です。狂言は、庶民の日常を面白く描かれたものが多く楽しい内容です。その魅力が、とても分かりやすくまとめられています。

歌舞伎

〈映像資料：DVD〉

・NHK エデュケーショナル（2006）『いざやカブかん』NHK エンタープライズ

　「いざやカブかん」は、歌舞伎の動きや特徴的なせりふやふしが、市川染五郎さんの解説や動きによって親しみやすく示されています。中でも、「かぶき体操」は、歌いながら踊れる楽しいものとなっています。この映像資料を活用することにより、子供たちはみんなで歌ったり踊ったりして、楽しく歌舞伎の体験をすることができます。

今　様

〈CD〉

・吉松隆（2012）『平清盛×吉松隆：音楽全仕事 NHK 大河ドラマ《平清盛》オリジナル・サウンドトラック』日本コロムビア

　授業実践を行った当時、NHK 大河ドラマの「平清盛」（2012）で今様の音楽が流れていました。TV で放映されていて耳馴染みがあり、「あそびをせんとや」「まへまへかたつむり」等は、子供はすぐに歌うことができ、今様という音楽を身近に捉えることができました。DVD も出版されていますので、映像でその場面を見せると、歴史の学習と関連付けて、今様の音楽の理解を深めることにつながりそうです。

【我が国の音楽】 基礎的な理解を深める・授業で活用する

〈書籍〉

・伊野義博（2019）『伝統音楽の基礎知識＆活動アイディアーにほんごは おんがくのすてきなおかあさんー』明治図書

　キャッチフレーズは「日本一分かりやすい！〈日本の伝統音楽の授業を楽しくしたい！〉という先生のための新しい音楽教科書」。理論編では、日本語が音楽を生み出す母親のような役割を果たしていることなどが分かりやすく解説され、レッスン編、実技編では、やってみたいと思える、楽しく学べる伝統音楽の活動アイディアが豊富に紹介されています。

・田中健次（2019）『図解 日本音楽史 増補改訂版』東京堂出版

　日本の音楽は、著者の言葉を借りれば「膨大な種目の集合体」です。その膨大な種目の音楽の全体像とそれぞれの種目について、分かりやすく学ぶことができます。各種目が見開き2ページにまとめられています。「『流行語大賞』があったらならー日常語になった雅楽の言葉」「片頬の笑いー狂言とは」など、それぞれ分かりやすいキャッチフレーズで読者を日本音楽の世界に引き込みます。

・田中健次・八木正一（2011）『クイズ教材でたのしむ日本音楽の授業』学事出版

　本書は〈クイズを通して楽しく日本音楽を学ぶ〉、〈図解で日本音楽を学ぶ〉〈クイズを活用した授業づくり事例〉の3つのパートで構成されています。どのパートも楽しいものですが、クイズを活用した授業づくりの例では、子供たちが、我が国の音楽に関する知的理解を深めていくための具体的なアイディアが紹介されています。

・徳丸吉彦（2019）『ものがたり日本音楽史』岩波書店

　キャッチフレーズは「この小さな一冊で日本音楽の歴史がわかる！」。音楽学研究の第一人者が、古代から現代まで、日本音楽の歴史を平易な言葉で分かりやすく解説しています。本書は、音楽の歴史の中に、音の響きとともに、背景となる社会や文化、教育の在り方、そして人々の音楽の作り方と聴き方を含めていることが特徴です。

〈書籍・映像資料〉

・音楽鑑賞振興財団（2017）『実践しよう！鑑賞の授業 郷土の音楽』音楽鑑賞振興財団

　本書は、郷土の音楽の代表的な作品である「青森ねぶた祭の音楽」「神田祭の音楽」「こきりこ」を扱った指導事例集です。全国で活躍している実践家の協力で作成されたものです。提示されている5事例は、郷土の音楽の特質に応じた具体的な指導方法が明記されています。また、映像資料には細かなチャプターが付され、活用しやすいものになっています。

・日本の音楽の教育と研究をつなぐ会〔徳丸吉彦監修〕（2019）『唱歌で学ぶ日本音楽』（DVD 付）音楽之友社

　本書は、音楽科の教員、音楽学や音楽教育学の研究者、伝統音楽の実演家、教育行政関係者による、よりよい音楽教育実践の在り方を考える研究会によって作成された音楽指導書です。タイトルにあるように、我が国の伝統音楽の学習において唱歌を用いることを提案しているのが特徴です。唱歌とは、楽器の音を日本語の響きで表したものであり、我が国の伝統音楽の学習において有効な指導方法です。本書は、映像資料をもとに理解を深められるようになっており、学校の音楽の授業で活用できる仕掛けが豊富に記されています。

・小島律子編（2018）『生活と文化をつなぐ「郷土の音楽」の教材開発と実践』黎明書房

　本書は、大阪教育大学附属学校を中心として進めてきた「郷土の音楽」の教材開発プロジェクトの成果をまとめたものです。各地で伝承されている「郷土の音楽」を教材とした音楽科授業の理論と実践が、関西を中心とした研究者や実践者によって紹介されています。幼稚園・小学校・中学校、全13事例の映像付きです。

おわりに

　「我が国の音楽」の研究の発端は、「わらべうた」でした。我が国の音楽は、地味で華やかさに欠けるという印象をもたれがちですが、私たちの生活を和ませ、楽しませ、豊かにしてくれる音楽です。そして、今の時代だからこそ、我が国の音楽の優しさ、心にしみる美しさや豊かさを子供たちの心に伝え、日本人としての誇りをもち、他の文化を尊重する心を育てていくことが必要であると考えました。

　北九州市立日明小学校では全て担任が全教科等を指導していました。中には音楽は苦手という先生もいましたが、子供への思いは一つです。佐藤眞司校長のリーダーシップのもと教員一丸となって本研究に当たりました。我が国の音楽の授業の前例が少なく苦労もありましたが、先生方の熱心な取組により、子供たちが豊かに表現する姿が見られるようになりました。

　本書に掲載した実践事例は、当時、1年：吉永由加里教諭、2年：有元弘之教諭、3年：森田久美教諭、4年：遠山令子教諭、6年歌舞伎：是澤真利教諭、他5・6年は小川担当、によるものです。研究会で授業を公開されたのは以上の先生方ですが、どの実践も学年チームで取り組んだものであり、本研究は当時の教員全員による努力の成果であることを付記させていただきます。授業研究の経緯の実際については、「クローズアップ授業研究『同一の題材で検証を繰り返す』」（『初等教育資料』2014年6月号）をご覧いただければと思います。

　なお、掲載した授業実践は、全般的には当時の実践と記録の通りですが、本書をご活用いただくにあたり、若干編集を加えました。2年の「あそびうた」では、音楽づくりの部分にポイントを絞り、指導計画の調整を図っています。3年の「ぎおん太こ」については、和太鼓のリズムの重なりや特徴的な拍節等の音楽の要素に着目した学習展開にしました。また、新学習指導要領の趣旨に合うように、表記を調整しています。ご了解ください。

　本研究を進めるにあたり、多くの先生方や地域の方にご協力をいただきました。

　本書にインタビューでご協力いただいていますが、北九州市の表現教育アドバイザーの春日壽齋先生には、本研究について多くのご賛同並びにご支援をいただきました。我が国の音楽を通して、伝えるべき日本人としての奥ゆかしさや所作、趣深さ等についてご示唆いただき、学ばせていただきました。そして、インタビュアーの倉本京子先生（小森江西小学校校長）は、当時、北九州市の指導主事（音楽担当）であり、また、日明小学校の元研究主任として音楽科研究の礎を築き上げられた方です。本研究に日々ご支援を賜りましたおかげで、先生方とともに音楽科教育の楽しさを味わうことができました。

　新潟大学の伊野義博先生には、遠路、日明小学校にお越しいただき、我が国の文化や生活の中にある言葉の抑揚の中に音楽を見いだすという画期的な発想から、さらに我が国の音楽の発展性を見出す多くのヒントをいただきました。東京学芸大学（当時）の石上則子先生には、本校での実践を収録した『音楽づくり授業ガイド』（学事出版）作成の際に、音楽づくりの専門的な知識や方法について多くのご示唆をいただきました。

民謡や小倉祇園太鼓、金魚売りのプロの方々にもゲストティーチャーとしておいでいただきました。本物の演奏やプロとしての思いを生の声や音で伝えてくださったことは、子供たちにとって大変印象的であり、感動も大きかったことと思います。その他、歌舞伎の授業の際には、地域の方々に子供たち一人一人に着物の着つけをしていただきました。子供たちのとても嬉しそうにしていた様子が今でも目に浮かびます。

　北九州市教育委員会には、特色ある学校づくりの一つとして音楽科研究の指定校に選定していただきました。当時、本研究につきましてたくさんのご支援をいただくとともに，本書の出版に際してご理解をいただきましたことに感謝申し上げます。また、前北九州市立日明小学校校長の中尾佳子先生並びに現日明小学校校長の花田佳子先生におかれましては、本研究の書籍化にあたり、ご多忙の中、当時の記録等について快くご対応いただきましたことに感謝申し上げます。

　そして、共著者の津田正之先生には、当時、文部科学省教科調査官として日明小学校においでくださり、我が国の音楽の実践研究について、指導助言並びに研究発表会でのご講話をいただく等、たくさんのご支援をいただきました。また、本実践を高く評価していただき、書籍化に至ることとなりました。本書における新学習指導要領（平成29年告示）の趣旨や学習評価につきましても、貴重なご示唆をいただき、ご尽力いただきましたことを心より感謝申し上げます。

　学事出版には、本研究の趣旨にご賛同いただき、書籍化に至るまでご支援ご協力いただきました。なかなか原稿が進まずご迷惑をおかけいたしましたが、長い目で見守り励ましてくださったおかげで完成に至ることができました。心より感謝と御礼を申し上げます。

　たくさんの力の結集である本書が、少しでも先生方のお役に立てることができましたら幸甚です。

　令和2年　新年度を迎えて

小川公子

[著者]

津田正之（つだ・まさゆき）　担当：第Ⅰ部、第Ⅱ部、第Ⅲ部

　北海道公立小学校教諭、琉球大学准教授、文部科学省教科調査官等を経て、国立音楽大学教授。博士（音楽）。音楽科の授業論、音楽教育史を専門とする。

小川公子（こがわ・きみこ）　担当：第Ⅱ部、第Ⅲ部

　福岡教育大学附属小倉小学校及び北九州市立日明小学校指導教諭等を経て、東京藝術大学修士課程音楽文化学専攻（音楽教育）修了。我が国の音楽に関する実践研究を専門とする。

[協力]（第Ⅲ部 インタビュー）
倉本京子（くらもと・きょうこ）　北九州市立小森江西小学校校長
春日壽齋（かすが・じゅさい）　日本舞踊家

[研究同人]
北九州市立日明小学校の先生方（平成24・25年度在職者）

小学校学習指導要領対応
「我が国の音楽」の魅力を実感できるワクワク音楽の授業
実践動画視聴QRコード付

2020年5月12日　初版第1刷発行

著　者──津田正之・小川公子
発行者──花岡萬之
発行所──学事出版株式会社
　　　　　〒101-0021　東京都千代田区外神田2－2－3
　　　　　電話 03-3255-5471
ホームページ　http://www.gakuji.co.jp

編集担当：丸山久夫
動画編集：株式会社コンテクスト
装丁：精文堂印刷デザイン室・三浦正已
印刷・製本：精文堂印刷株式会社